"一带一路"
世界的新发展机遇

［波兰］布罗尼斯瓦夫·科莫罗夫斯基（Bronislaw Komorowski）著
［美］杰克·潘考夫斯基（Jack·Perkowski）

向继伟 译

石油工业出版社

图书在版编目(CIP)数据

"一带一路":世界的新发展机遇/(波兰)布罗尼斯瓦夫·科莫罗夫斯基,(美)杰克·潘考夫斯基著. —北京:石油工业出版社,2022.6

ISBN 978-7-5183-5132-9

Ⅰ.①一… Ⅱ.①布…②杰… Ⅲ.①一带一路-国际贸易-贸易合作-研究 Ⅳ.①F74

中国版本图书馆CIP数据核字(2021)第276174号

"一带一路":世界的新发展机遇
[波兰]布罗尼斯瓦夫·科莫罗夫斯基,[美]杰克·潘考夫斯基著

出版发行:石油工业出版社有限公司
   (北京朝阳区安定门外安华里2区1号楼 100011)
   网 址:www.petropub.com
   编辑部:(010)64523582
   图书营销中心:(010)64523633
经 销:全国新华书店
印 刷:北京中石油彩色印刷有限责任公司

2022年6月第1版 2022年6月第1次印刷
880×1230毫米 开本:1/32 印张:3.75
字数:69千字

定价:48.00元
(如发现印装质量问题,我社图书营销中心负责调换)
版权所有,翻印必究

出版者的话

和平与发展是我们所处时代的基本特征,也是全世界人民的共同期盼。作为世界唯一从未中断的古老文明,中华文明源远流长,内蕴深厚,以和为贵,与人为善,己所不欲、勿施于人等优良传统代代相传,成为中国和平发展的文明底色。秉持共商共建共享原则的"一带一路"倡议正是中国在当代世界大发展大变革大调整时期,坚定维护和平与发展时代主题的重要举措。

"一带一路"倡议给世界带来什么?对于这一问题,时间无疑给出了最好的回答。"一带一路"倡议九年来,中国与共建国家一道,探索建立合作对接机制、加强基础设施建设、深化贸易畅通、推进绿色低碳发展信息共享,助力世界经济可持续发展……"一带一路"倡议源自中国,成果属于世界。

放眼海外认识世界,更需要放眼海外认识中国。为更好凝聚"一带一路"共识、展示"一带一路"成果,在合作伙伴——孟子基金会理事长孟亮先生的支持下,我们成功邀请布罗尼斯瓦夫·科莫罗夫斯基先生和杰克·潘考夫斯基先生成为我们的作者。布罗尼斯瓦夫·科莫罗夫斯基先生负责本书第一、二章的写作,主要以地缘政治视角探讨"一带一路"倡议的相关背景和"一带一路"中的波兰与欧盟。杰克·潘考夫斯基先生负责第三、四章的写作,主要从经济和管理等方面,分享自己的中国观察。

文明因交流而进步,世界因交流而发展。希望本书的出版能够为"一带一路"的观察者、参与者、建设者提供参考,为推动形成多元互动的人文交流格局贡献一点力量。

目 录

第一章

001　**导论**
003　　历史上的丝绸之路
006　　中国的"一带一路"倡议
008　　互利互惠的"一带一路"

第二章

011　**"一带一路"中的波兰与欧盟**
013　　中国与波兰
020　　欧盟与中国"一带一路"倡议
022　　欧盟对中国的战略
029　　新形势下的中欧关系
030　　多维度的中欧合作
040　　关联与调试：中欧关系再深化
041　　共同应对挑战的伙伴

目 录

第三章

053　**发现中国**
055　中国的经济奇迹
056　是什么造就了中国的经济奇迹？
057　中国的长期计划
058　中国的基础设施

第四章

065　**一位亲历者的观察**
067　中国的汽车产业
075　到中国去
077　40座城市，100家工厂
082　中国人的精神
083　中国的管理缺口
084　中国为何存在管理缺口？
089　亚新科的经验
094　亚新科的"新中国"战略

第五章
101 **结语**
103 中国管理的发展对"一带一路"的重要性

后记
105 **为什么要写这本书**

"一带一路" ▶▶▶
▶▶▶ 世界的新发展机遇

第一章
导 论

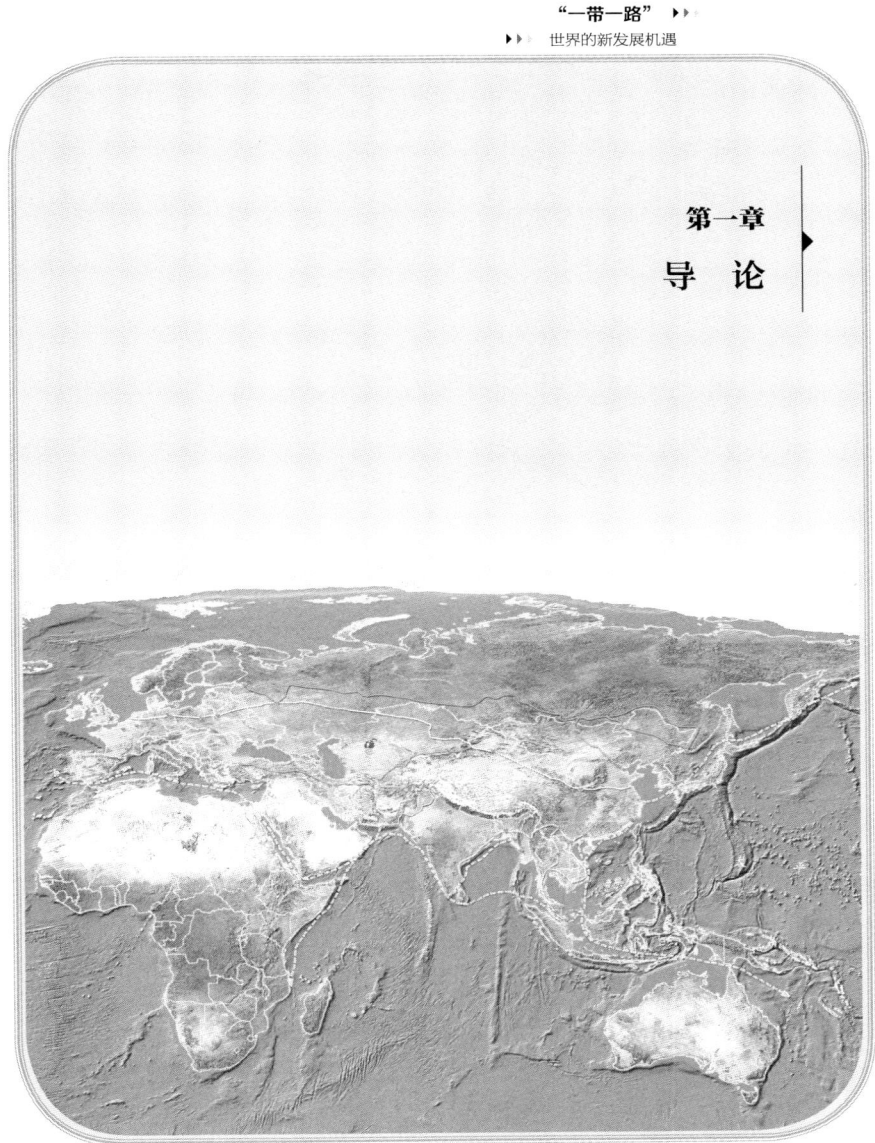

历史上的丝绸之路

古丝绸之路是一条商贸带,始于今天的中国陕西省西安市,全程4000英里(6400公里),是古罗马和中国两大文明之间货物往来及思想交流的交通要道。从公元前200年到18世纪,丝绸之路对沿途各地的经济、文化、政治及宗教交流有着极其重要的意义。多年以来,丝绸之路贸易对中国、韩国、日本、南亚次大陆、伊朗、欧洲、非洲以及阿拉伯的文明发展都起着非常重要的作用,为上述文明建立起了跨越重洋的政治经济桥梁。利润丰厚的丝绸贸易起源于中国汉代(公元前202年至公元220年),丝绸之路也因此而得名。汉王朝通过派遣代表团和远征队,甚至是通过武力手段,对这条贸易要道在中亚的部分进行了拓展。为了更好地军事防御、开发西域屯田、保护货物安全,中国人又扩修了长城,对丝绸之路提供保护。在地理位置上,丝绸之路沿中国长城向西北进发,绕过塔克拉玛干沙漠,越过帕米尔高原(山区),穿过阿富汗,一路抵达黎凡特地区,也就是今天的塞浦路斯、埃及、伊拉克、以色列、约旦、黎巴嫩、巴勒斯坦、叙利亚和土耳其等国家。

伴随着丝绸之路沿线贸易的繁荣，中国的丝绸在西方国家，尤其是古罗马，越来越受欢迎，于是丝绸之路的名字也由此诞生。地处北边的美索不达米亚地区（今天的伊朗）成为了中国最密切的贸易伙伴，和中国展开了一系列重要的文化交流。虽然丝绸是中国出口的主要产品，但是，和丝绸一道被运往西方国家的还有许多其他货物。例如，纸（中国人在汉代的发明）、火药（也由中国人发明）、茶叶、宝石、肉桂和姜等香料、青铜以及瓷器。作为交换，西方国家给中国运来了黄金白银、武器盔甲、马匹马具、纺织品、毛毯和地毯。在公元初期，中国和西方就建立了牢固的贸易关系，丝绸在古埃及、古希腊和古罗马都是极受人追捧的商品，价值堪比黄金。

尽管丝绸越来越受欢迎，但古罗马人并不知道丝绸是怎样生产的。他们错误地认为，丝绸是一种产于树木的蔬菜制品。当时，许多中国丝绸都销往科斯岛，这是希腊多德卡尼斯群岛中的一座，当地人把丝绸加工成服装，供古罗马和其他城市的女性使用。尽管古罗马的保守人士认为，女性穿丝绸是道德堕落的标志，而男性穿丝绸则显得过于柔弱，但丝绸的热度丝毫不减，而且价格还越卖越贵，这一现象持续到公元476年古罗马帝国灭亡。在被称为拜占庭帝国的东罗马，人们延续了古罗马人对丝绸的迷恋。

跨国界世界文化遗产名单
(Transboundary World Heritage List)

序号	世界文化遗产
1	瓜拉尼耶稣会教堂
2	印加路网
3	勒柯布西耶建筑
4	新锡德尔湖与费尔特湖地区文化景观
5	阿尔卑斯地区史前湖岸木桩建筑
6	罗马帝国边界
7	欧洲温泉疗养胜地
8	斯特鲁维测地弧
9	比利时和法国钟楼
10	丝绸之路：长安—天山廊道的路网
11	慈善定居点
12	斯特茨奇中世纪墓葬群
13	16 至 17 世纪威尼斯共和国的防御工事
14	厄尔士／克鲁什内山脉矿区
15	阿尔卑斯地区史前湖岸木桩建筑
16	塞内冈比亚石圈
17	穆斯考尔公园／马扎科夫斯基公园
18	罗马斗兽场（意大利古罗马竞技场）
19	费尔特湖
20	雷塔恩铁路
21	库尔斯沙嘴
22	喀尔巴阡地区木质教堂
23	科阿山谷史前岩画遗址
24	水银的遗产：阿尔马登和伊德里亚

信息来自联合国教科文组织网站

（"丝绸之路：长安－天山廊道的路网"于 2014 年入选世界文化遗产名录，是我国目前唯一的跨国界世界文化遗产）

1453年,土耳其人攻陷了拜占庭帝国,此后,奥斯曼帝国关闭了丝绸之路。

除经济贸易以外,丝绸之路也为沿途各国的文化交流提供了一条重要途径。商人们沿着商道在不同的国家买卖货品,同时也带来了艺术、宗教、哲学、技术、语言、科学、建筑以及各种其他知识的交流。但另一方面,疾病也在沿途传播开来,有证据表明,公元542年的黑死病就是沿着丝绸之路传到了君士坦丁堡并严重削弱了拜占庭帝国的国力。丝绸之路的关闭迫使商人们通过海路销售商品,进而推动了"地理大发现"的开启,并最终推动了全球的互动,促进了全球社区的诞生。这便是丝绸之路的历史。

中国的"一带一路"倡议

2013年9月,在中国国家主席习近平提出"一带一路"倡议以后,项目便开始快速实施。同年10月,习近平主席提出了成立亚洲基础设施投资银行("简称亚投行""AIIB")的倡议,为基础设施建设提供资金支持,进一步促进亚洲区域的互通以及经济融合。随后,中国和俄罗斯达成了建设"一带一路"的协议,中俄两国同意将俄罗斯的欧亚铁路(Euro-Asia Railway)并入"一带一路"。随后,中国和哈萨克斯坦完成了一座物流终端的第一阶段建设,该终端位于中国东部,能够帮助中亚国家进入海外市场。

2014年10月，21个首批意向创始成员国财长和授权代表签署《筹建亚投行备忘录》，并将亚投行的总部设定在北京。2015年1月，随着新西兰、马尔代夫、沙特阿拉伯和塔吉克斯坦的加入，亚投行的意向创始成员国增长至26个。此外，中国还于2014年12月同泰国签署了铁路合作的谅解备忘录草案。

2015年3月，中国国家发展改革委员会连同外交部和商务部发布了正式的"行动方案"——《推动共建丝绸之路经济带和21世纪海上丝绸之路的愿景与行动》，详细阐述了"一带一路"的原则、框架、合作要点与机制。根据该行动方案，"一带一路"将会对重要的经济走廊、国际交通干线以及沿途的核心城市加以利用，并且致力于建设安全顺畅的交通线路，从而对各大城市和港口进行连接。

对"一带一路"的成员国而言，这份行动方案将进一步促进各国间政策的协调、设施的连接、贸易的开展以及金融的一体化，强调了提高政治互信以及促进政府间合作的重要性，同时也强调了在各成员国政府之间建立多层次宏观政策交流的重要性。就互联互通而言，该行动方案强调的是基础设施建设方案、技术标准体系、信息技术合作以及能源基础设施的互通。方案还着重强调了石油和天然气管道以及其他交通要道的安全问题，着重强调了建设跨境供应网络以及跨境光缆等用于开创信息丝绸之路的重要性。此外，中国还鼓励"一带一路"成员国取消贸易障碍及投资障碍，并设立相关机构，促进电子商务的研发和创新。

该行动方案还倡导成员国通过加强不同银行之间的合作实现金融一体化，这些银行包括亚投行、金砖国家开发银行、上海合作组织（SCO）融资机构。同时，方案还鼓励建立包括亚洲债券市场在内的其他信贷及金融机构，并建立货币稳定系统以及信用评级机构。

最后，在该行动方案中，中国还鼓励大规模的学术及文化交流以及媒体合作，以争取公众对"一带一路"的支持。中国还表明决心，将致力于发展奖学金项目、文化电影节、电视广播节目以及体育运动交流，从而为"一带一路"营造和谐友好的舆论环境。

▸▸▸ 互利互惠的"一带一路"

"丝绸之路经济带"与"21世纪海上丝绸之路"，共同构成"一带一路"重大倡议。这是中国为构建人类命运共同体打造的重要实践平台，也是为各国共同繁荣开拓的合作道路，是惠及世界的中国方案。

首先，中国具有得天独厚的"人力资源"优势，并借此实现了国内的经济腾飞和工业发展，而今天，中国将继续利用这一资源，去帮助"一带一路"的参与国实现发展。

其次，为了发展国内经济，中国政府1953年便开始实施一系列五年计划,与其他国家不同的是,中国的五年计划带来了很多实实在在的成效。中国在制定长期规划的过程中,积累了不少发展经验,这些经验对"一带一路"的参与国家将大有裨益。

再次,中国对基础设施的巨额投资不但解决了本国至关重要的就业问题,还对外国直接投资产生了巨大的吸引力。这不但让大量的中国公司学会了如何建设和运作大型资本投资项目,还能够为其他国家提供经验,并为他们建设自己的大型项目提供帮助。

最后,作为世界制造业的中心,中国的发展进一步提升了国有企业和民营企业的管理水平,吸纳了全球各国的最新技术,并为国家带来了高额的投资资金。从1978年到现在,中国积累了大量的资金、管理和技术,而如今,中国将与周边的邻国共享这些资源。

第二章
"一带一路"中的波兰与欧盟

中国与波兰

2004年,波兰、塞浦路斯、捷克、爱沙尼亚、拉脱维亚、立陶宛、马耳他、斯洛伐克、斯洛文尼亚和匈牙利等中东欧十国加入欧盟,其中波兰疆域最为广阔,人口最多。此次的欧盟东扩打破了冷战时期欧洲的分裂,波兰也因此成为继德国、法国、意大利和西班牙外的欧盟第五大经济体。尽管不能与中国相比,但波兰在欧洲是大国,其地理位置优越,地处欧洲大陆的中心。波兰因此被称为"欧洲的心脏"。因此波兰有能力与意愿成为中国"通往欧洲的大门",成为中国在中东欧地区的主要合作伙伴、"一带一路"倡议中的重要成员和中欧关系发展的积极推动者。2019年是波中建交70周年。1949年中华人民共和国成立时,波兰是最早承认新中国并与其建立外交关系的国家之一,此后两国间的友好关系不断发展,直至今日。两国友谊的延续使得波兰国民对中国社会与文化兴趣强烈。中波两国合作领域广泛,政治、经济、地方、教育、科研、文化和旅游领域的合作发展迅速。

深化中波关系是波兰的重要工作之一。2011年，中波签署了《中波关于建立战略伙伴关系的联合声明》。波兰成为欧盟第七个与中国建立战略伙伴关系的国家，两国间的政治、文化、经济关系被提升至历史最高水平。值得高兴的是在双方的努力推动下，两国间的第一条直达火车线路——连接成都与罗兹的中欧班列于2013年5月开通运行。

如今在欧洲，波兰扮演着至关重要的角色。波兰希望在其他大陆也更加知名、更加重要，尤其是在中国。中国地处正发生深刻快速变化的亚洲，是全球最大的"新兴市场"。

波兰人认为自己处在历史诅咒的地理位置——"夹在俄罗斯与德国间"（因为一旦遭到了一方的攻击，另一方会立即跟上，有时两个邻国会同时侵略波兰）。而在中国看来那却是最佳的地缘战略点，一边是军事与核大国，一边是整个欧洲与欧盟内最强大的经济体。波兰发挥了桥梁作用，连接了基督教文明与天主教文明，促进了中西方文化、艺术、精神思想、商业传统的交流。虽然欧洲与中国的谈判文化迥异，然而不论在欧洲还是中国，最重要的是人际关系，这是进行深入交流合作的切入点。

2012年4月，时任中国国务院总理温家宝在访问波兰首都华沙期间，介绍了中国面向中东欧地区的新理念与思路——中国关于促进与中东欧国家友好合作的12项举措，涵盖了16个国家：阿尔巴尼亚、波黑、保加利亚、克罗地亚、黑山、捷克共和国、爱沙尼亚、马其顿、立陶宛、拉脱维亚、波兰、罗马尼亚、塞尔维亚、斯洛伐克、斯洛文尼亚和匈牙利。这一理念与思路为后来的"16+1合作"打下了基础。

通过与"地处俄罗斯与德国之间"的中东欧16国（包括波罗的海三国，维谢格拉德四国和西巴尔干国家）建立更紧密的关系，中国打开了通往欧洲大陆的大门。如今，中东欧16国中有11个欧盟成员国，其他5个国家是欧盟候选国。这些国家与欧盟关系密切，即使最近这一关系正经历一段较为艰难的时期。

中国国务院总理温家宝提出的政治蓝图价值100亿美元，包括12个战略项目，并制定了与该地区国家在基础设施、金融（银行）、贸易、新投资、文化交流及教育、旅游领域人员往来等领域计划实现的中长期目标。

依据这一政治蓝图，中国设立了16+1合作秘书处（主要在北京办公），此外中欧每年轮流主办"中国—中东欧领导人峰会"。此举有力地深化了合作，促进了双边关系的发展。2011年12月两国关系提升至战略伙伴关系。2016年6月中国国家主席习近平对波兰进行国事访问期间，为两国关系的发展提供了最大力度的支持：建立中波全面战略伙伴关系。这是中波关系快速发展的有力证据，证明中东欧地区已成为中国外交政策的重要方向。

如今，经过多年合作交流，包括国家领导人互访、经济和文化多边会议等，中国与中东欧国家间的相互了解有所加强，但如今影响双方合作最严重的障碍仍是对自身及其他国家的商业文化与思维方式缺乏足够了解。中东欧国家间在文化和经济上差异悬殊，历史的不同导致其发展潜力、经济发展水平与地理位置相差甚大。但也应看到，这些国家都与欧盟联系密切。因此，重要的是在"16+1合作"的框架下不断寻找各方能在欧盟规则程序下开展合作的共同点。

中国在与中东欧国家开展合作时必须接受一个现实，即由于大多数中东欧国家是欧盟成员国，欧盟对这些国家提出了许多要求，并要求其遵守欧盟法律法规。这些法律法规并不总是与中国的经验或行为一致。如此看来中国与中东欧合作若要向前迈进，就别无选择，只有克服所遇到的障碍，才能走得更远。这其中不仅包括商业规范方面的障碍，还包括思想与文化方面的障碍。人际关系在中国非常重要。而在欧洲国家和欧盟中，法律法规及其制定机构在比人际关系重要得多。因此，有必要在关注双边关系的同时，着重处理立法等机构间的关系。双方在这一方面需要更好的磨合。如今双方在漫长的道路上已经迈出了第一步，用中国的比喻来说，双方迈出了万里长征的第一步。如今两国的合作基础牢固，但这并不意味着已到达目的地。但是，只要双方在政治、经济、社会和文化地图上慢慢地从远处相向而行，总有一天会相遇。

"16+1合作"（也许很快将成为"17+1合作"，因为中方越来越重视与同属地中海与巴尔干国家的希腊的合作），已经开始运作，在中东欧国家中已被不同程度地接纳。所有中东欧国家都非常期待在欧洲大陆上能出现一个，除了波兰的传统邻国、现有盟友或竞争对手（如德国、俄罗斯、法国和美国）外的新合作伙伴，一个我们想要并能够更深入了解的合作伙伴。

在与欧盟外合作伙伴的合作中，需与欧盟机构保持步调一致。欧盟机构中最重要的是欧盟的执行机构，即欧盟委员会。欧盟委员会谨慎地审查欧盟成员国所有的外部投资项目。欧盟候选国（位于西巴尔干地区，目前西巴尔干国家中只有斯洛文尼亚和克罗地亚成功入盟），也在一定程度上受欧盟委员会及其他欧盟机构限制。欧盟候选国必须遵守欧盟制定的部分规则及哥本哈根协议，保障自由市场经济、民主稳定和法治。在入盟进程中，候选国已在一定程度上受欧盟机构和法律法规的约束。

因此，中国若希望与波兰等国家建立合作关系，应牢记并清楚地认识到，在中东欧国家建立双边伙伴关系的同时，中国也是在与一个更加庞大的组织——欧盟及其所有机构与法律体系打交道。中国还应该意识到，中东欧国家的邻国，尤其是与波兰经济联系极其紧密的德国，都在密切监视并继续关注匈牙利、捷克、波兰与中国的关系，这是不言而喻的。

如今双方的主要合作除了已有较好发展的政治关系（包括最高层关系）外，已经扩展到经济、贸易等领域。双方最看重的是投资，包括基础设施投资。迄今为止"16+1合作"框架下的经济与投资是其核心项目。虽然并非所有项目都进展顺利，投入使用，但事实胜于雄辩：中国在捷克（杜库凡尼和泰梅林核电厂）、匈牙利、罗马尼亚（切尔纳沃德核电厂）、塞尔维亚与斯洛文尼亚进行了大量投资。其中捷克拔得头筹，获得中国对"16+1合作"投资总额的34%，匈牙利为19%。罗马尼亚、保加利亚及以塞尔维亚为代表的西巴尔干国家虽然发展潜力较小，但强烈希望与中国合作，对华合作非常积极。波兰中小型企业，由于其发展潜力与大型企业相比，与中国企业建立合作关系要困难得多。因此在州省级地方政府层面组织了双边会议，加强学生交流，深化文化教育合作非常重要。上海外国语大学最近成立了波兰研究中心，中国学生可以在此学习波兰语并了解波兰文化，波兰研究中心和波兰语系的接连设立表明，中国学生对波兰知识的需求正在增加，这将会促进两国友好关系的发展。

"一带一路"倡议合作峰会框架下的"中国—中东欧国家投资贸易博览会"也是一个很好的例子，该博览会以与中东欧国家的创新型经济合作为基础，从而将中东欧公司推向中国。这也显示了贸易与投资在中国与中东欧国家合作中的重要性与优先性。

值得注意的是波兰在与华贸易合作领域并不是领军者，但其地位仍十分重要。中欧班列给亚欧大陆之间提供了除海运或空运外又一运输方式选择。波兰在这方面已抢占先机，波兰罗兹市的哈特兰斯物流公司是中欧班列（成都—罗兹）这一条线路的波兰运营方企业，第一趟中欧班列（成都—罗兹）于2013年1月由中国抵达波兰。如今两国间的铁路班列已规律运行，发车次数不断增加。原因是波兰地方当局积极参与对华合作，尤其是罗兹市与其附近的库特诺市近年来已经发展成为交通枢纽、中国的货物集装箱输入欧洲的转运中心，合作蓬勃发展。据估计，超过25%的中国陆路输欧商品通过罗兹与库特诺这两个波兰城市转运。

需要强调的是，波兰对中国开放了城市，共同将其建设成对互利合作有重大意义的枢纽城市，但这些城市并没有成为封闭的唐人街。而且在许多波兰城市中，中国公民正积极融入他们所居住的城市。而不是将其变成文化单一的华人聚集区。这也促使波兰社会对中国新移民的看法发生重大改变，也体现了中国公民在欧洲生活方式和参与欧洲社会方式的改变。两国在地方自治政府一级也建立了良好关系。中国移民越来越融入社区，成为当地社区活跃的公民和社区生活参与者。中方成立了大量协会与基金会，其目的不仅是与国家与地方政府开展合作，最重要的是与当地社会的交流合作。

目前来看，以中东欧国家入盟前已经存在的相关合作项目为基础，缔结中国—中东欧国家友好城市以促进合作的想法是可行的，并可能成为新丝绸之路的重要组成部分。我们已经取得了部分成果，但双方对中波合作的现状并不完全满意，因为双边合作潜力与可能性巨大，但如今中波相互了解不足。一方面在商业活动中缺乏互信,合作的水平还远远不能让人满意。另一方面,不管是以前还是现在,波兰都在努力解决与中国巨大的贸易逆差这一严重问题,这必须尽早通过双方的努力解决。2017年中波贸易逆差问题有所改善,但这主要与全球经济形势的总体增长有关。对于许多波兰公司来说,如今的贸易水平还很低。

欧盟与中国"一带一路"倡议

2013年秋天,中国国家主席习近平在访问哈萨克斯坦时提出了建设新丝绸之路的倡议,包括建设丝绸之路经济带和21世纪海上丝绸之路。该倡议由陆路与海路计划组成,被统称为"一带一路"。

习近平主席的新倡议轰动了全球。尽管中国已通过"16+1合作"与中东欧国家开展了一段时间合作,但此提议仍使我们地区的政治精英震惊。正是这个全新、大胆的倡议的提出,中东欧国家才真正意识到,我们正在与一个真正的重磅全球玩家打交道。中国恢复了几百年前蓬勃发展的文明强国地位。随着时间的推移,习近平主席提出的"一带一路"倡议在中国外交政策中的地位越发重要,并获得了中国政府财政部门支持,包括成立预算为4000万美元的丝路基金。新丝绸之路已成为中国外交政策与外交活动的重要抓手。它成为东西方之间的新桥梁,打破了地理距离的限制。

公元前3世纪以来,12000公里的距离并没有阻碍中欧货物、思想和文化的交流，现如今距离障碍越来越不成问题。尽管地理学家费迪南德·冯·里希霍芬将这条商路命名为丝绸之路，但丝绸并不是这条路上运输的唯一或主要商品。通过这条路，欧洲人可以品尝亚洲香料（例如胡椒），而亚洲享受来自欧洲和中东的不同气味的香水。值得一提的是，在提比略皇帝时代，丝绸曾造成了社会问题。当时的人们认为这种薄的、实际上是透明的织物不适合男人穿着。古罗马参议院甚至就此事下了禁止男士穿着丝绸的判决。然而，这一禁令并没有持续太久，因为丝绸的美丽和奢华打败了严格的条例约束。时光流逝，丝路上运输商品的种类不断增加，思想观念交流不断深入。因此，丝绸之路曾经带来，也将继续带来广泛合作的希望。

"一带一路"倡议的最初设想较为笼统，可归结为习近平主席制定的"五通"，即考虑到欧盟的特殊性，实现中东欧国家与中国间更好的政策沟通、设施联通、贸易畅通、资金融通和民心相通。

自"一带一路"倡议实施以来，"五通"有了更加具体的规划，获得了包括亚洲基础设施投资银行在内的各类机构的支持。截至2018年12月，亚投行已拥有93个成员国。在不懈的努力下，波兰从一开始就加入了亚投行，成为创始成员国之一。亚投行的实际行动证明"一带一路"倡议规模惊人。2017年5月，在北京举行的首届"一带一路"峰会上宣布将"一带一路"投资额追加至1.4

万亿美元。近 70 个国家在不同程度上表现出对"一带一路"倡议的兴趣。29 位政府首脑和国家元首（包括波兰总理）、130 个州的代表和 70 个国际组织的代表参加了会议。这再次证明了"一带一路"倡议背后的巨大潜力。

如今不论是在发达国家还是发展中国家，无论政治、经济精英阶层还是媒体报道与专业著作中，"一带一路"倡议都是中国提出的最雄心勃勃、影响最深远的愿景之一。自然，欧洲政治精英们也意识到，两条新的丝绸之路都从中国向西，主要是向欧洲延伸（陆路路线的终点是鹿特丹或汉堡的某个地方，而海路路线延伸至希腊的比雷埃夫斯港）。

这传达的信息也很明确：中国希望加强与欧洲大陆的联系，"一带一路"倡议范围不仅局限于中国的邻国。因此，中国不仅想成为地方或区域玩家，还想成为全球玩家，并实现其全部设想。因此，一名全球新玩家，带着新的愿景、策略、概念和想法登台。作为欧盟成员国，我们必须在与中国持续不断发展的合作中确定自身立场和意见。

▶▶ 欧盟对中国的战略

迄今为止，欧盟对中国的战略是基于习近平主席推出"一带一路"倡议时，欧盟制定的战略议程。2013 年 11 月，欧盟委员会通过了一项与中国至 2020 年的合作战略，其中包含 " 94 项关键举措"。主要涉及中欧关系中的最核心问题，即经济和投资问题，也包括能源与气候安全等领域的举措。欧盟委员会和整个欧盟认为，制定以科技、教育与人文交流为基础的可持续发展计划相当重要。

中欧双方深知发展双边关系的重要性。中国是欧盟的第二大贸易伙伴，仅次于美国。欧盟已经连续 14 年是中国最大的贸易伙伴。双边贸易体量巨大，日均贸易额达 15 亿欧元。投资与服务业的交流合作发展迅速（近期中国在欧盟投资的水平已经超过了欧盟在中国投资水平）。无需多言，双方都了然于胸，中欧关系是互利共赢的。

如今双边关系根基深厚。1998 年以来建立的年度领导人会晤机制、15 年来不断发展的中欧战略伙伴关系、永久性战略对话以及超过 60 种各重要领域双边对话机制都是有力证明。中国提出"一带一路"倡议后，2016 年 7 月，欧盟修改了对华战略，有效期至 2020 年。这与欧盟七年一制定的专项预算有关。欧盟 2020～2027 年的财务预算已经完成。新欧盟预算的制定从某种意义上也将迫使欧盟制定新战略，以发展日渐重要的中欧关系。

欧盟委员会于 2016 年修改的战略进一步扩大了合作范围，包括扩大游客往来与加强人文交流，尤其是青年学生交流。该战略也涉及部分敏感但日益重要的问题，例如打击恐怖主义、非法移民或网络恐怖主义。

欧盟确定了 7 项首要挑战，规定保障公民切实利益。7 项挑战为：

1. 健康、人口变化和社会福利；

2. 粮食安全、可持续农业和林业，海洋和内陆水域研究和生物经济；

3. 安全、清洁与高效能源；

4. 智能、环保与一体化交通；

5. 应对气候变化、发展资源高效性经济领域的举措；

6. 不断变化世界中的欧洲——包容、创新、反思的社会；

7. 安全的社会——保护欧洲及其公民的自由与安全。

2018 年 7 月 15 日，在北京举行的中欧峰会上，中欧重点讨论了双方不断深化的联系。当时讨论的问题包括中国的投资透明度问题，其中最重要的是提高中欧经济与商业规则的兼容性。这一问题从一开始就被公认是发展双边关系的重要障碍。在日益全球化的世界中，双方还集中精力开发制定了全球标准。

2019 年初，欧盟重新审视了与中国的关系，并提出了中国带来的机遇和挑战，包括：贸易平衡、关键技术和基础设施保护、直接投资审查和公共采购的对等。欧盟委员会指出，中国既是与欧盟拥有相同目标的合作伙伴，也是欧盟必须在经济领域，尤其是目前欧盟领先的科技领域达成利益平衡的谈判对象。同时欧盟委员会认为，欧盟和成员国只有步调协调一致，才能实现与中国合作的目标。欧盟委员会提出了对华关系中最重要的 10 项举措：

1. 欧盟加强与中国合作，共同维护联合国三大支柱，即和平、发展和人权；

2. 为了有效应对气候变化，欧盟呼吁中国根据《巴黎协定》制定的目标，在 2030 年之前着力减少二氧化碳排放；

3. 中欧借鉴为伊朗制定全面行动计划的经验，深化和平与安全领域的合作；

4. 为了在伙伴国实现稳定、可持续的经济发展和良好社会治理，欧盟将更强有力地利用现有的双边协定和金融工具，欧盟还将与中国合作，实施连接亚欧的战略，确保各方遵守相关法规；

5. 为了在互利共赢原则基础上构建更加平衡的经济关系，欧盟呼吁中国履行其现有承诺，即致力于世贸组织改革合作，在中欧世贸组织改革联合工作组已有的工作基础上，加快旨在加强产业补贴国际规则的讨论，双方同意不得强制转让技术，在 2020 年达成高水平的中欧投资协定，就地理标志、航空安全等问题达成一致；

6. 为使参与中国公共采购的机会更加互惠与开放，欧洲议会和欧盟委员会应在 2019 年底之前通过一项国际公共采购文书；

7. 为了确保在公共采购中不仅考虑价格因素，还应保障较高的劳工和环境标准，欧盟委员会在2019年年中前出台外国投标人参与欧盟公共采购市场以及在该市场引入外国商品的准则；

8. 为了充分解决由于第三国对国内资产拥有所有权以及使用公共资金导致的内部市场扭曲问题，欧盟委员会在2019年底之前确定如何填补欧洲法律的空白；

9. 欧盟必须在5G网络安全方面制定统一立场，以保护关键技术和基础设施免受潜在的重大外部危险威胁；

10. 为避免外国对关键技术和基础设施进行投资而产生的安全风险，并提高对此类威胁的认识，欧盟成员国应确保迅速、全面、有效地执行《监察外国直接投资条例》。

在中欧对话中也出现了超越双边关系的问题，例如海洋领域蓝色伙伴关系（"海洋治理"）、朝鲜半岛无核化、伊朗核计划与非洲安全等问题。关于非洲安全问题，21世纪初中欧在索马里沿海采取联合行动，积累了丰富经验。在非洲，波兰工程人员与中国公司合作，给非洲人民带来了切实、广泛的利益。值得一提的是，波兰政府的"发展援助"计划在过去50到60年中为许多北非和东非国家提供了教育资源和奖学金。该计划也为波兰建筑公司提供了源源不断的合同和中波公司可以开展合作的市场投资项目。

蓝色伙伴关系,即"海洋治理"。众所周知海洋的60%为公海,位于国家管辖范围之外,这意味着各国对其有着共同的国际责任。《联合国海洋法公约》已经定义了某些管辖权,并建立了专门机构分配共有利益。这些举措确保海洋健康、多产、稳定并有较强的对抗风险能力。因为只有健康的海洋生态环境才能调节气候,对粮食安全和经济增长产生积极影响。海洋产生了地球大气层中所有氧气的一半并吸收了25%的二氧化碳排放量。因此,欧盟制定了保护海洋的战略。欧盟战略中包括了对欧盟所辖海域内海事和捕捞事务制定的统一方针。欧盟还拨出大量资金用于海洋研究,以及处理海洋问题的国家和机构间的信息交流、公众对海洋数据的访问。

中欧合作执行《巴黎气候协定》未来可期。值得一提的是,波兰是联合国缔约方会议的东道国,2008年12月,《联合国气候变化框架公约》第十四次缔约方会议暨《京都议定书》第四次缔约方会议在波兰波兰南举行。2013年11月,《联合国气候变化框架公约》第十九次缔约方大会议暨《京都议定书》第九次缔约方会议在波兰华沙举行。第二十四届联合国气候变化大会(UNFCCC COP24)2018年在波兰卡托维兹举行。气候变化是中波完美的合作领域,我们应共同面对如今已难以忽视的气候变化挑战。

除此之外,能源安全问题越来越频繁地出现在中欧共同议程上。在通过的2016—2020年双边合作规划中,能源领域的双边交流合作正变得重要。欧盟在《欧盟条约》第194条提到,欧盟能源政策的目的是推动发展新的可再生能源形式,并使之适应新的市场结构。可再生能源是指来自风能、太阳能、水力发电、洋流能、地热能、生物质能和生物燃料的能源,从而减少对不稳定的化石燃料市场的依赖。当然,这并不意味着立即放弃使用化石燃料,但我们必须考虑到其耗尽时的未来。从新闻报道中我们得知,中国也在积极寻找发展新能源的机会。国际能源署宣布,中国对可再生能源的投资与欧洲和美国一样多。中国在风力涡轮机的生产和风力发电厂的装机容量方面均处于领先地位,这意味着中国主导着全球风能市场,且该市场一直在增长。有分析人士认为,截至2020年,几乎一半的风力装机容量在亚洲。当联合国提出关于减少二氧化碳排放政策的提议时,中国政府率先提出了自己的建议,其中之一就是增加低碳能源的份额。值得一提的是,中国不仅在国内投资可再生能源,还在国外投资。截至2015年,这些投资总和已超过1000亿美元。截至2030年,中国计划占有全球风能市场的四分之一。此外不能忽视的是,中国拥有5个世界最大的太阳能电池板生产商。因此,欧盟和中国在这一领域的合作似乎水到渠成。考虑到该合作的巨大规模,中国成立了全球能源互联发展与合作组织,旨在召集在全球能源传输方面可开展合作的政府、网络运营商、科研机构、开发银行和联合国机构。

该机构鼓励研究与发展，集中应对几个关键技术挑战，包括大规模储能、能量传输中的超导性以及可以协调相关能源系统的人工智能。欧盟也应就发展可再生能源采取类似的解决方案，这一合作将带来规模前所未有的能源革命的机遇和挑战。

新形势下的中欧关系

在中美关系紧张的背景下，中国于2018年12月发布对欧盟政策相关文件。文件计划深化中欧现有关系。该文件及以前发布的对欧政策文件（第一份于2003年发布，第二份于2014年发布）是对欧盟委员会制定的对华战略文件的回应。这些文件表明，中国和欧盟希望进一步发展经济、教育和文化合作。尽管中美关系紧张，中欧仍希望加强合作，双方坚信合作比贸易战要好。

中欧双边关系的重要性与价值都极高。值得一提的是，1975年中国就与当时还是欧洲共同体的欧盟间确立了最初关系。三年后的1978年，双方达成了第一份贸易协定。之后，1985年双方达成了最重要的贸易和经济合作协定，这至今仍是各类合作的基础，规范着双边关系。1998年双方举办了首次领导人会议，会议做出了对双边关系最重要的决定，发布了联合声明，阐明了下一步的合作方向。尽管中欧之间存在文化、社会、经济或历史上的差异，但双边经济合作非常重要。这表明尽管存在分歧，但双方有共同的利益。已达成的协议、联合声明与战略计划都为双边合作提供了坚实的制度基础。欧洲理事会和欧盟委员会首脑参加的最高级别会议在中欧关系发展中也扮演了重要角色。此类会议旨在加强合作。中欧合作应基于三个支柱：政治合作、贸易与投资合作以及人际合作。中欧合作不仅有悠久的历史，未来发展也一片光明。

▶▶▶ 多维度的中欧合作

当然欧盟成员国在对华合作以及"一带一路"倡议的看法上存在不同。人们越来越意识到中国在国际和全球舞台上的重要性，但欧洲内，包括在波兰国内，人们得出的结论是不同的：部分人看到中国发展带来了（投资甚至技术领域的）众多机会，主张对华合作与参与，而另一部分人则认为中国是竞争对手甚至挑战、威胁。中方不仅应该接受这一现实，而且应该从中得出适当的应对方案。但不可否认的是，在相互理解和促进经济与社会发展领域中，中欧已经取得了重大进展。

在过去的一些年中，迅速出现且力量迅速发展的商业协会组织了各类高级别会议会见。这些会议主题与参会者的提问方式已发生变化。组织者展示的材料和某些领域的专业知识在世界范围内领先。刚开始时，这些会议主要讨论国际商业与政治的基本规则，这种讨论仍在纽约、伦敦或华沙进行。如今越来越多中国人对波兰文化表现出浓厚兴趣,波兰人也有机会见证了中国迅速发展的网络技术与艺术培训。老师们在音乐、舞蹈和设计等领域进行知识交流已经是非常自然的一件事。这是一个不同的领域,是否也可以成为"新丝绸之路"的一部分,毕竟,对历史和文化的热爱将我们更紧密地联结在一起,增加了世界文化多样性。很多波兰人也尝试过感受学习书法艺术的趣味。

尽管欧洲方面存在民主分歧,但双方的基本目标和战略似乎是相似的,加强欧洲与亚洲之间的合作,不仅要特别强调合作和经贸交流,而且要强调欧盟方面关切,即推动环保类的新投资。也包括可持续发展或社会问题以及贫富差距扩大等问题。中欧都面临这些挑战。

因此, 2018年12月18日,即在第一次双边峰会20周年之际发布的中国第三版(前两版于2003年和2014年出版)与欧盟合作的战略文件中,提到了欧洲也无力辩驳的事实,也是很难不同意的一个论点,即"世界正在经历一个剧烈的发展、变革与重塑时期"。同时,中方主张世界多极化、经济全球化、技术发展以及文化多样性和文明间对话。这在本质上与任何欧盟主流文件或观点并不矛盾。正如2018年12月18日中国政策文件中指出的那样,这些变化是在充满"稳定与不确定性"的世界中发生的,整个欧盟范围内也在经历这样的过程。欧盟本质上是一个多边和高度复杂的机构，其职能和机构秩序都非常复杂。因此，欧盟的本质决定了其将同中国一道支持全球化，反对日益明显的单边主义或保护主义趋势。

自二十世纪九十年代起举行的中欧领导人峰会证明，双方就规范中欧关系的基本原则已达成一致。双方希望加强相互尊重和平等相待，希望本着诚实与相互理解的精神，增加开放性并加强交流。双方希望共同努力以实现有效的全球治理，应对迅速增长的全球挑战，同时保持文明间对话的持续性。迄今为止的所有合作都是有力证明。

中国通过"16+1合作"与"一带一路"倡议为中欧关系注入了新的活力，提高了合作质量。这种合作方式与以往大不相同。中国投资者、银行家、商人和工程师进入欧洲，在日常生活中随时可见，而不仅仅是出现在报纸上或参与与日常生活不甚相关的科学研究。我们需要适应这种新情况。

中方强调"已准备好加强对话"。但欧方，无论是政治家还是智库，包括柏林墨卡托中国研究中心，欧洲国际关系委员会甚至著名的波兰东方研究中心，他们的最新研究与分析都认为，欧盟内部还应采取更多措施，包括：

中方提出和执行的新投资在其性质和原则上更加透明或全透明，新投资应考虑与之合作的各欧盟国的特殊性；

在欧盟立场中加入生态和气候要求，不仅包括经济或商业要求，而且还包括对欧盟委员会至关重要的植物检疫要求。

合作伙伴认为，中国认为的双赢战略实际上可能导致中方的双重获益。中方不仅将向欧洲推出项目，而且还将中国工程师或承包商推向市场，同时中方也尊重欧洲特殊性，更多关注质量而不单是控制价格，因为欧洲有特殊的标准。

欧盟需注意，在任何情况下要注意考虑双方的利益，尽管利益在一定程度上肯定有分歧。比如波兰希望中国的投资基于绿地原则通过基金会执行，但同其他欧洲的合作伙伴一样，中国对并购现有运作良好的公司兴趣更大。大股东可以决定公司治理，但是少数股东可以被视为合伙人。金融市场上的一个重要问题是监事会的建立和发挥作用，以及独立审计师在公司审计领域的作用，这将提供最有效的公司监督，以确保所有投资者的投资安全和最大的投资收益。公司监事会是一个好传统，除了公司所有者直接指定的人员外，还包括独立会员，其主要任务是维护法律和公司规则。金融市场也增加了当前的信息需求和公司战略的透明度。在欧盟国家和地区，有效财务顾问与审计师不得隶属同一公司这一原则也十分重要。中东欧金融市场还比较年轻。华沙证券交易所于1991年成立，截至2017年9月29日，挂牌479股（包括50家外国公司），总资本为14.28万亿兹罗提，其中6720亿美元的资本来自国内公司，7564亿美元来自外国公司。华沙证券交易所由国家财政部成立，是一家股份制公司。除了《商业公司法》规定的权利和义务外，交易所管理委员会还允许在交易所进行证券交易，确定将证券引入交易的规则、监督交易所经纪人和交易所会员在交易所交易领域的活动。与其他公司一样，华沙证券交易所不是一家孤立的公司，它的发展取决于波兰国家的经济状况和上市公司的状况。华沙证券交易所指数对外国股票交易所会产生重大影响，其中包括：美国纽约证券交易所（NYSE——纽约证券交易所，世界上最大的股票交易所，在该股票交易所上市的公司有1867家，平均每日交易量约为1460亿股股票，价值461亿美元；西欧，德国FWB——法兰克福证券交易所，（位于德国美因河畔法兰克福，欧洲最大的证券交易所）、英国证券交易所（LSE——伦敦证券交易所，就营业额而言，是全球最大的证券交易所之一，于1801年在伦敦成立）等。许多投资者进入波兰市场并参与私有化，进入波兰证券交易所，从而维持公司规则和业务透明度。

曾在20世纪90年代和21世纪初热火朝天进行的私有化进程在中东欧国家市场已经基本完成。除基础设施建设外的其他领域，私有化进程不会反复。在波兰，政府在多个方面规范私有化交易，不仅包括价格，还包括员工保障、品牌传承和对公司的直接投资以及保护公司专利技术。现在的投资者正面临绝好的机遇，很多波兰的中小企业、家族企业经过20年或25年的发展、成长，通常取得了巨大成功，但却没有家族继承者。他们正寻找负责任的投资者，将这些企业从本地市场带到全球。这是可行的，同时，这将在全球范围内有效提高品牌价值（建立国际认可）。如今波兰产品在中国各个城市的商店中随处可见。在大型购物中心中，波兰品牌与 Dior 或 Calvin Klein 等高端品牌并列。正是这些企业在 1989 年以后，以极大的活力开始引领时尚风向、带动高级时装和街拍博主的风潮。如今波兰品牌已经出现在中国城市（尽管影响力还很弱），而且波兰年轻设计师的风格已经被中国年轻人接受。这是促进时尚文化和社会交流以及欧洲与亚洲合作的机会。对于年轻一代来说，新技术和互联网既是熟悉的环境，又没有政治界限，唯一的限制就是想象力。网络世界带来了非常诱人的投资机会。建立一个以年轻、开放且非标准的商业模式为理念的通用平台，以交换投资机会相关信息，将为新丝绸之路创造更大的合作机会和空间。

我们希望中国比以往更重视经济市场化，因为中国的市场经济地位仍是双边关系中的一个重要争议点。这与中国大型国企在经济中的重要性和作用这一敏感话题有着千丝万缕的联系。这对欧盟很重要。2014 年中国进出口银行与黑山签订的公路建设项目合同，该合同最多可融资 85%，这些资金几乎占这个小国 GDP 的 25%。欧盟公司运作中的一个重要问题是与工会的共存以及员工权利保障。在大多数情况下，工会是负责任的合作伙伴并关心公司的发展。在商业计划中忽视欧盟的这一特殊性可能会影响公司计划中的增长速度以及在欧洲市场的成功。另一个重要的法律问题是欧洲新引入的规定，即保护所有直接举报公司所有人或监事会不遵守既定标准或违规行为的人员。也许从其他经济体的角度看，它看起来像是福利国家举措，但随着共同发展，要想取得成功必须考虑到双方的这些差异。

波兰团结工会主导了波兰1980年的罢工。当时的圆桌会议上，一边坐着政府代表，另一边坐着团结工会主席莱赫·瓦文萨以及其他反对党代表。正是圆桌会议在整个中东欧掀起了后来被称为民族之秋的剧变。

当然，双方必须考虑发展潜力与规模的不均衡。尤其考虑到中方签署的是双边而非多边协议，即与欧盟成员国而不是欧盟机构签署协议的情况。即使像波兰这样的欧洲大国也必须考虑到这一因素，更不用说欧洲较小的国家了。

1.考虑以下情况：关注版权保护问题及制定统一的互认法规、标准和规范的迫切性在不断增长。避免和解决网络交易中的纠纷。

2.不要逃避事实：在欧洲，有些中国的投资，尤其是大型中国公司的并购已经引起了人们的反感和矛盾心理。欧洲一些研究和分析经常得出正在进行或计划进行的中国投资是"影响与结果不对称"的结论。需要牢记，收购欧盟公司并不违反中国法律。

3.2018年9月通过的欧盟委员会战略（也称为连通性战略）中提出同中国一起深化亚欧关系，但其对该合作未来发展方向中的关注点与中国政府相关文件中强调的有所差异。例如，欧盟文件更加强调了雇员的权利、财务担保以及双方互相提供更为广阔的商业市场。

双方的差异是客观存在而且很正常的。但我们的任务是了解认识存在差异的领域并共同应对新出现的障碍和困难。

欧洲文化多样性也值得注意。尽管各国相距不远，但欧洲人在守时、合同条款和规则等方面的做法也大不相同。例如荷兰人不会因私人关系改变工程报价，欧洲国家的幽默感肯定也是不同的。除此之外应当注意，有些话题在欧洲人的对话中很不受欢迎。在中国人的闲聊中也有一些不应谈论的话题。因此，做好跨文化交流在任何投资准备过程中都非常重要。需牢记，人类都生活在一种特定的文化中，通过社会化进行自我定义，并依据社会中约定俗成的规则看待世界。因此，有部分价值观是根植于潜意识的，在非语言交流中传达并通过非语言和感性交流接收。例如，在许多文化中，说话的方式或者是一个人的名字，都被视为这个人的特征。在有些文化中，人们认为大声说出来的话就会实现。因此，讲话时应将可能引起强烈感觉(例如恐惧或羞耻)的单词替换为"安全的词"。欧洲人应记住，在谈话中避开禁忌词在说汉语的国家中尤其重要。例如，由于中文中有许多同音异义词，因此不应送别人钟表作为礼物，因为这与"送终"同音。不幸的是，很多准备数月的大额商业合同因为类似的小事而破裂。

即使是波兰语与捷克语这样相近的语言里，也经常因为一些发音相近的词含义不同而闹出笑话。更何况欧洲和中国间相隔如此远的距离呢？早在 18 世纪，欧洲就对中国的设计和艺术非常迷恋。那时富裕的欧洲人都在家中开辟出一间中国屋，即配有中式家具、以中国织物配色装饰的房间。比如中国南方的一所艺术学校，学生从中国文化遗产中汲取灵感，并借鉴欧洲艺术与之融合贯通，比如意大利或英国艺术的比例与色彩。全球化不意味着所有人都必须服从于流行文化。中国舞者在中国传统戏剧中或古典芭蕾中都有非常完美的表现。华沙大剧院最杰出的首席芭蕾舞演员中有一位在北京舞蹈学院学习过的日本姑娘，这就是文化交流的生动案例。因此，在开展商业活动时，不要忘记可以通过支持和促进彼此的民族文化发展来表达相互尊重。文化交流可以成为商业和政治合作的良好桥梁。

谈到两国文化，就不得不提版权和法规。欧盟有两种版权类型：

著作财产权，保证创作者对其作品进行监督，销售或使用该作品需为权利人带来经济收益。

人身权，是与作者的人身不可分割，不直接涉及财产的权利，包括发表权、署名权、修改权、保护作品完整权。

根据欧盟相关法律规定，版权保护期为作者终身加去世后70年，若同一作品由多名作者共同完成，则从最后一名作者去世后算起。欧盟外的部分国家签署了《伯尔尼公约》，这是1886年9月9日在伯尔尼缔结的一项国际协议，其灵感来自维克多·雨果。几个世纪以来，该公约被多次补充和修订。最新的修正案于1971年7月24日制定，目前已有177个国家是《伯尔尼公约》的签署国。版权保护期限可能因特定国家或地区的现行法律而异，但至少在作者去世后50年保护依然有效。商标也是知识产权的一个非常重要的组成部分，在欧盟中，有四套注册和保护商标的体系，包括国家、地区、欧盟与全球体系。这些系统相互补充并同时运行。最近欧盟积极参与制定反仿冒贸易协定，旨在更改在网络上发布和监察相关内容的规则。草案规定，互联网巨头或在线平台（如Facebook）如果使用艺术家和新闻工作者的作品则必须付费。草案意图确保当他人通过诸如YouTube或谷歌新闻等在线平台使用艺术家，尤其是音乐家、演员、编剧以及新闻出版商和新闻工作者的作品时，艺术家可获得相应报酬。这可能是未来构建多元化、包容的欧盟新闻界的关键一步。

中国加入与贸易有关的《知识产权协定》（简称"TRIPS协议"）非常令人振奋。该协议为减少国际贸易中的阻力，促进对知识产权实施充分、有效的保护，并保证相关的保护措施与程序不成为合法贸易的障碍。如今中国正努力构建知识产权制度，在原则、规则、纪律上建立多边结构以处理国际上假商品的贸易问题。需要注意的是：欧洲海关法着重查处进出口假冒产品。一经发现，海关将没收货物，并对违反货物进出口法律的个人或公司处以罚款。

▸▸▸ 关联与调试：中欧关系再深化

以习近平总书记为核心的中国第五代领导人在国内外舞台上都介绍了雄伟的计划——"两个一百年"奋斗目标：第一个一百年，是到中国共产党成立 100 年时全面建成小康社会；第二个一百年，是到新中国成立 100 年时（2049 年）建成富强、民主、文明、和谐、美丽的社会主义现代化强国。

新一代的中国企业家选择在欧洲大学接受教育。这对双方都有利。中波留学生互访越来越多，这极大地推动了教育、经济领域的经验交流，并加强了中波间的沟通联系。因此不能低估教育在双边关系中的作用，它可以极大地促进中波人民的相互了解并揭示中波关系下一步该如何发展。

为实现雄心勃勃的现代化目标，中国加速了城市化进程和建设创新型社会（预计至 2035 年建成），已经开始实施的"中国制造 2025"战略是先行棋。如今我们的合作伙伴——中国正在快速发展，极快地恢复世界文明大国的声势与辉煌。

中国在改革开放四十年中取得的辉煌令世界震惊。如果这些计划都得到实施并有效地实现其目标，我们将很快与一个更现代也更有趣的合作伙伴打交道。我们不仅将与如今全球最大的发展中国家和新兴市场打交道，而且还将与新的多极世界中最重要的力量和影响中心之一打交道。

共同应对挑战的伙伴

我们尚不明确中国将如何与我们共同应对日益严峻的全球挑战，如防止核武器扩散、气候与生态威胁以及应对恐怖主义与大规模移民等。几个世纪以来，我们狭义地将安全挑战理解为对个人、社区（县或镇）、国家或地区的威胁。如今波兰、欧盟与中国都意识到，必须正视欧洲安全与合作组织提出的合作安全概念，即已出现了全新的全球性挑战与威胁。面对可能威胁人类生命与生存的生态破坏，任何一个国家都不可能独善其身，独自应对，各国必须合作起来。

事实不言自明：任何国家，即使是大国，也无法独自应对新的挑战和威胁，这类挑战和威胁从其本质上就具有跨国家、跨民族的特征。我们需清醒地认识国际关系的新特点，即国家间的相互依存度比历史任何时期都要紧密，因此必须要保持交流并加强相互了解。如果可能的话，我们需要改变如今一或零、黑或白的解决方案。

网络空间是一片广阔的新天地,在其中不必担心国界划分和规则,它为签署协议和通过社交媒体建立人际关系提供了新的平台,但也带来了网络安全问题和其他潜在冲突。应当指出,中国在包括 5G 技术等许多领域已经超过了旧欧洲国家。人们意识到网络的强大——可以共享思想,激发灵感,人们可以在世界各地工作,人们可以利用其满足爱好或共享和存储数据。直到最近人们才意识到,网络也可以被用来从事不道德或违法的活动,已经给公民、社会组织和国家造成了无数破坏。在 2016 年的华沙峰会上,北约将网络空间视为陆地、海洋、空中和太空外的第五个条约责任领域。黑客和网络犯罪分子正成为国家、企业和国际组织共同的敌人。全世界正在面临的这一跨国挑战,这意味着对现实世界的信任需要以"信任与控制"规则为条件。

因此应集中精力思考如何建立相互信任、增进相互了解,以消除会加剧分歧的偏见和刻板印象。在这种情况下,最好的解决方案是建立联系网络,增强互动,扩大人际交流与智库合作,加强学生、记者与专家人员往来等。

作为中欧合作的一部分,也许有必要建立一个类似于欧盟伊拉莫斯(Erasmus+)项目的计划。伊拉莫斯项目的名字来源于一名杰出的欧洲学者——伊拉莫斯,他曾在法国、英国、意大利、瑞士等地学习和教书,促进了不同文化、不同语言的人们之间相互理解，就像马可·波罗建立起了中国与欧洲的联系。伊拉莫斯项目于1987年在欧洲创建，是一个学生交流项目，后来扩展到大学间国际合作。共有多个欧盟国家和4个欧洲经济区国家（冰岛，列支敦士登，挪威和瑞士）加入该项目。该项目致力于促进学生、大学教师间的交流学习，组织强化培训课程并提出多边学习项目。当然这些学校从欧洲基金中获得资助。未来，双方可以建立类似的计划，覆盖中国和欧盟的艺术学院。

从这个意义上讲，中国提出的建立人类命运共同体的口号不仅合理，而且世界各国都应大力支持和推动。如今我们比以往任何时候都更需要文化、文明间的对话和相互理解，因为已出现的全球性威胁不仅威胁某个或某些国家。

中国在征服太空方面无疑是极其成功的。中国的第一颗人造卫星"东方红"于1970年发射，中国因此迈入了航天大国的行列。2003年中国将"神舟五号"飞船送入轨道，从此拥有了太空载人能力。中国试图在宇宙中建设丝绸之路，邀请所有联合国国家进行航空航天项目的合作。天宫空间站作为太空丝绸之路最重要的组成部分之一，已经开始绕地球运行。目标空间站预计将在几年内建成。令人钦佩不已的是，中国政府为之后的太空计划，包括月球与火星探索计划投入了将近数十亿美元。波兰科学家的仪器和发明已获得美国国家航空航天局的认可，并为探索火星提供了帮助，希望波兰科学家未来能够与中国航天局合作。共同将太空合作作为人类命运共同体的一个方向。

全球挑战不会改变我们的地位，不论是地理位置还是利益地位。从这个角度看，波兰及其他中东欧的小国都必须考虑到自身与中国的关系本质上是不对称的。我们一方面正在与世界上购买力最强的经济体打交道，中国能带给我们丰厚的利润且是一个有趣的合作伙伴，但另一方面，中国国力比波兰强大，国家面积也更大。中方应关注合作伙伴的敏感领域和立场。

尽管铁路与航线不断增加，全球化在拉近我们间的地理距离，但我们还是相距甚远的合作伙伴。波兰、斯洛伐克、匈牙利和捷克等中东欧国家应将重点放在保证德国和欧盟将继续成为我们的主要贸易和经济伙伴。这是我们国家现代化与繁荣的基础来源。中国本质上无法在我们地区发挥重要作用，其原因之一是我们是北约的一员。北约是我们对外安全的重要保证，对波兰这种邻国为非北约成员国（例如白俄罗斯或俄国的加里宁格勒地区）的国家更为重要。

波兰于1999年3月12日加入北约，其准备工作在20年前就已启动。波兰根据北约盟国的要求调整军队能力、军事程序、军事训练以及国防工业。匈牙利、捷克共和国、爱沙尼亚、拉脱维亚、立陶宛、斯洛文尼亚、斯洛伐克、保加利亚和罗马尼亚也都付出了同样的努力。部分国家于2004年3月22日加入北约。所有国家中在军队现代化、军事采购以及依据北约的要求和标准改造军事工业等领域都取得了巨大的进步。这些国家付出了巨大的努力,因为根据北约的规定,每个国家应将其 GDP 的 2% 用于军事支出。波兰多年来一直在履行这一承诺。

1991 年通过的北约新战略概念定义北约是一个军事防御联盟,其目标是维持足够的常规军事力量和核力量,以抵御可能的侵略者并应对全球范围内可能发生的冲突。新概念在第 5 条引入了危机应对行动的概念,即为消除造成危机局势,威胁区域或全球安全的危机而采取的武装行动。从国防的角度看,第 5 条对中东欧国家尤为重要,因为其强调各缔约国同意,对欧洲或北美一个或数个对缔约国的武装攻击,应视为对缔约国全体之攻击。

中东欧国家的众多为军队服务的行业必须接受深层次的重组和现代化重组。许多国家,例如波兰,必须完成部分工厂的私有化,增强对市场经济的适应性和满足全球市场的要求。在过去的十年中,各个领域的数字化也极大地影响了国防工业。欧盟分配了巨额资金发展该行业。在 2021—2027 年的欧盟预算中,欧洲国防基金项目总额超过 130 亿欧元。欧盟为信息和通信技术领域的研究提供了资助和支持,因为其有助于改善国防技术基础。

2008 年,欧盟委员会通过共同立场,制定了控制军事技术和装备出口的规则以及欧盟两用物项清单。欧盟委员会进行协调与合作,以期所有欧盟国家都能执行这些规定。2004 年 9 月,欧盟委员会通过了一份国防采购绿皮书，其目的是促进成员国逐步建立更加透明和开放的欧洲国防市场。2007年，欧盟成员国同意加快发展欧盟国防领域的技术工业基础，引入了刺激欧洲市场焕发竞争力的政府间系统。这个自愿加入的政府间系统以国防采购行为守则为基础，并辅以审查与监督系统，以确保国家间保持透明度和责任划分。其中一个非常重要的部分是供应链。这些决议旨在推动国防装备标准化并促进欧盟市场一体化。2009年，欧盟通过了《国防安全采购指令》，形成了统一、透明的体系，提供了三种类型的许可证：通用、全球和个人许可证。该指令还限制企业认证，只有被认为可靠的企业才有权根据通用许可进行技术转让，个人许可仅限于有正当理由的情况下进行转让。这些规定意味着，欧盟，其实是欧盟军队希望建立强大的欧盟国防工业，各国在各个领域兼容合作，并且成为美国或中国国防工业的重要竞争对手或伙伴。今天似乎值得考虑欧盟与中国在这一重要领域中的合作前景。

自冷战结束，尤其是苏联解体以来，波兰的国家利益迫使我们加入西方同盟，我们不会在这方面做出任何改变。民意调查清楚地证实民众对加入欧盟和北约的满意度。欧盟与北约为我们提供了安全感、经贸发展的进步和现代化。

然而这并不意味着我们要放弃支持中国不断提出的新倡议。中国的"16+1合作""一带一路"倡议证明我们是时候以想象力和新的角度来思考未来。关于波兰的未来，我们必须考虑：波兰与德国和俄罗斯这两个传统大国相邻，如今在我们历史上第一次出现了一个强大的、全新的、我们知之甚少的合作伙伴——中国。中国向我们提供新的合作项目，这证明中国对与波兰的合作真的非常感兴趣。

无论是波兰还是整个欧盟都需牢记，近年来文明国家的敌人是国际恐怖主义，目前几乎影响到整个地球。在政治和经济精英中，人们越来越意识到中国确实已经作为全球重要力量出现并与欧洲共存。据历史学家的记录，1956年秋天，中国政治干预了苏联入侵波兰。实际上在中国历史上这是第一次，介入波兰和该地区的经济和贸易领域符合中国利益。不仅是波兰在寻求中国的投资，而中国公司和投资者正也向波兰伸出了橄榄枝。这是中波关系的新篇章。如何发展双边关系及如何将其转变为给双方的实实在在的利益仅取决于中波自身。

因此，中波关系前途光明。欧洲能成功应对当前面临的问题并走出动荡与危机，而中国将突破当今限制中国经济增长的障碍。但正如各国在瑞士达沃斯论坛得出的结论——政治再次成为经济发展的重要框架。没有国家间合作并建立稳定的国际关系，全球经济不可能得到发展。如今国际合作不再是指某一片大陆范围内的合作，而是全球合作。毕竟在国际社会中避免冲突并发展和谐关系时，是建立合作最好的时机。

中国和整个亚洲都在迅速变化，西方正密切关注。对于拥有十数亿人口的国家，中国政府应对挑战的能力令世界印象深刻。中国不仅十年来保持两位数的经济增长，并且在基础设施投资、科教发展、中国企业规模、中国的货币和经济实力、中国文化和语言方面的影响力也令世界有了新的认识。中国的"一带一路"倡议等富有远见的项目也举世瞩目。这一切不仅影响中国、亚洲，也影响了整个世界，包括欧洲和欧洲的波兰。

中欧联系日渐紧密。越来越多的亚洲公民来到欧洲，出现了越来越多的联合商业项目，合作投资也在增长。可以说亚欧两大陆的步调越来越一致。欧盟在亚洲很多领域都有参与，包括贸易和经济领域，也包括在自然灾害等困难情况下提供帮助等。亚洲大陆对全球安全至关重要。阿富汗、伊拉克或叙利亚发生的地区冲突在全球范围内产生影响。朝鲜半岛的紧张局势持续引起国际社会高度关注。因为如今威胁和不确定因素都已成为全球性问题，除影响欧洲和亚洲的"混乱中心"外，还出现了新的挑战，例如国际恐怖主义和网络安全威胁。人们谈论冲突、混合，其信息传播变得越来越重要。两大洲必须密切关注这些过程，并共同寻求解决方案。尤其是在亚欧安全与经济紧密联系的情况下。没有安全的国际社会，就没有经济发展。只有国际关系保持稳定才能实现全球化。亚洲经济的增长就是基于此。全球化的成功之一是全球供应链，只有遵守国际法，该供应链才能发挥作用。否则，公司将不愿在国外投资。因此，我们有重要的共同利益：稳定。但是，亚洲的国际关系架构似乎还不够稳定。亚洲矛盾的事实是，乐观主义和一体化趋势在经济方面占主导地位，悲观主义和各自行动在安全方面出现。欧洲不想破坏亚洲稳定局势，因为这不仅意味着对全球安全的威胁，而且还意味着对全球化世界经济发展的威胁。中国是稳定亚洲局势的重要力量。

如今的欧洲欣赏中国。怎能不欣赏一个仅凭一国之力将全球贫困人口减少一半的国家？但这种思考还伴随着恐惧和疑问。中国如何看待自己和当今世界的关系？中国将走向哪里？想如何利用自己的成长能力？在拥有巨大出口优势的情况下，如何看待与合作伙伴的经济关系（例如波兰）？将如何在该地区与较小和较弱的邻居相处？

欧洲认为如今的中国是"中心国家"——一个重要的全球玩家。因此欧洲国家，特别是欧盟国家特别希望与中国拥有统一立场，实施共同政策。欧盟想与中国一起应对对全球的未来十分重要的重大国际挑战，如气候变化、国际移民、运输自由、自然灾害危机管理、国际调解和国家安全等。只有欧盟和中国合作应对这些挑战，并根据国际标准和法律共同解决全球问题，才能使世界获得稳定。

《中国梦》一书的作者刘明福认为："世界太重要了，不能因为美国而远离世界。"该书的作者称，中国不会威胁国际稳定，而会给国际社会带来发展与繁荣。

"一带一路"倡议将带来很多好处。这是一个将各国在经济、政治领域的利益和潜力结合在一起的理念。今天，从中国通向欧洲及从欧洲通向中国的道路都需穿越波兰。中国在国际秩序的体系结构中已经占据重要地位。在 21 世纪，中国的地位肯定还会继续提高。我们越来越真切地感受到当今时代的不确定性和未来潜在的威胁。我们生活在过渡时期，动荡甚至冲突是常态。最好通过渐进的方式建立新的国际秩序，这有益于所有人，因为暴力变革会带来不必要的痛苦。

中国参与了这一变革进程，这很好，因为它拥有五千年历史赋予的智慧，可能带来新的解决方案。如今我们应该一起思考如何塑造这个世界，以便子孙后代能更好地生存。

中欧关系不是泾渭分明的。中欧文明都十分古老，悠久的历史将它们团结在一起。这种多边交往更广泛地集中在中东欧，比如波兰。波兰对华政策非常坚定，不仅是过去的二十年，其历史已超过 60 年。有些人还记得在华沙举行的中美建交会谈，中国向世界开放并与美国建立外交关系。这是有力证据，表明中国和欧洲这两个伟大文明的相遇，不是碰撞，而是机遇。

波兰在 1989 年转轨后，尤其在成为欧盟成员后，重新扮演了其历史角色：一座桥梁，连接东西方、南北方之间的纽带。波兰扮演这个角色已有数百年。几个世纪前，作为欧洲大陆领土上最大的国家之一，波兰是欧洲的"城墙"，也是商品、人员和思想相遇的十字路口。起点为波兰波罗的海的"琥珀之路"，这是当时"丝绸之路"的一部分。波兰希望在中欧关系中继续发挥这一作用，成为新丝绸之路的重要桥梁和站点，使"一带一路"连接东西方的愿景得以实现。

波兰今天面临着许多挑战：国家安全、可持续发展、国际竞争力、经济增长、新工作机会。波兰需要不破坏环境、不危害居民健康的现代产业。相较其他欧盟国家，波兰更平稳地度过了经济危机，并且是唯一一个二十多年来保持经济稳定增长的欧盟国家。我们在环境保护方面也取得了巨大进步。波兰提升发展竞争力的突破口是创新。在科学和教育、小型企业及"一带一路"投资等领域，创新都十分重要。除此之外，波兰还应致力于城市建设和可持续发展。但同时也面临着艰巨的挑战和经济增长障碍，如人口危机，这可能会阻碍波兰的进一步发展。

中国也面临挑战，如保持经济增长，应对国内外需求下降等。除此之外，中国的金融和原材料市场缺乏稳定性。但是，正如中国国家总理李克强在全国人民代表大会上说的那样，"中国没有克服不了的困难。中国经济具有巨大的潜力和发展机遇。"

尽管波兰和中国在过去几十年中取得了巨大的成功，但不能因为取得的成绩沾沾自喜，止步不前。因为世界正在改变，我们也在改变。我们需要互利、团结的合作。这就是中波关系的发展方向：建立中国与欧洲之间的"连接性"网络，沿着波兰作为重要桥梁的新丝路向前。

"一带一路" ▶▶▶
▶▶▶ 世界的新发展机遇

第三章
发现中国

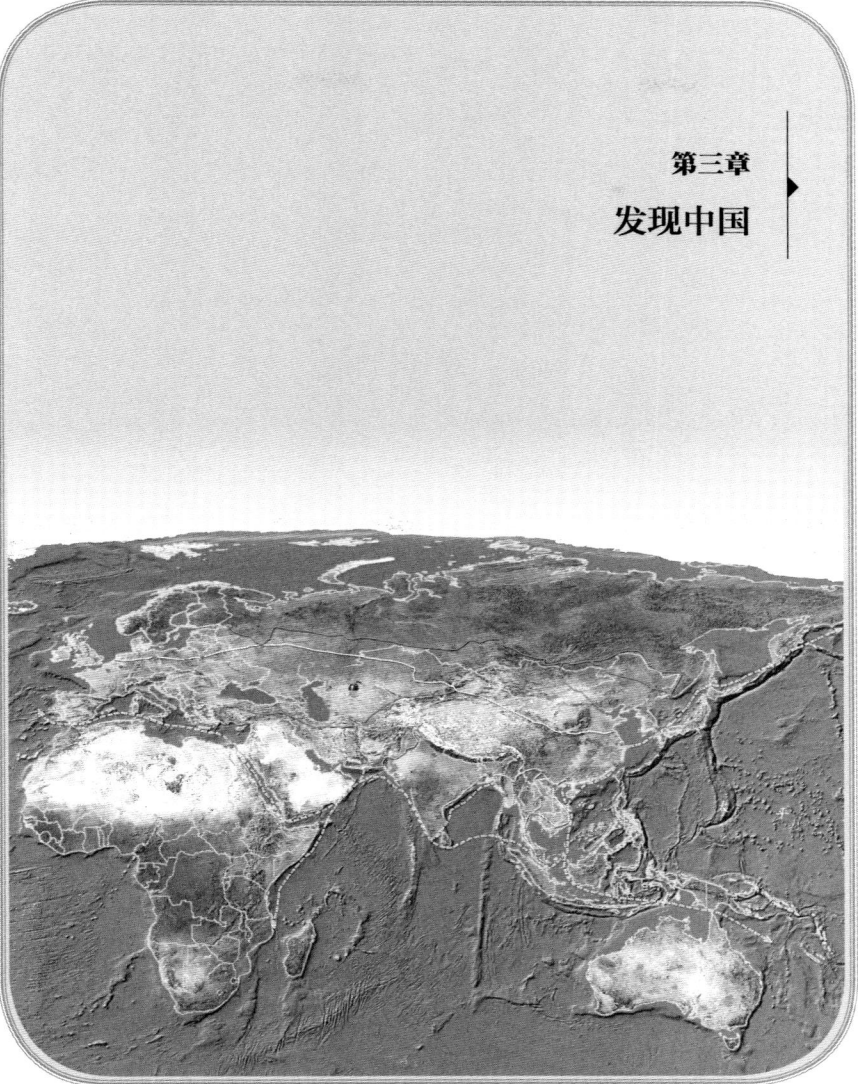

第三章
发现中国

▸▸▸ **中国的经济奇迹**

2018年是中国对外开放的第四十个年头。以邓小平同志为核心的中国共产党的第二代中央领导集体以一项新的政策为近三十年的闭关锁国画上了句号：中国将为海外企业敞开经营的大门。"开放国门"是邓小平的一项革命性政策，就在该政策宣布后不久，一系列改革便接踵而至。

1979年，在邓小平的决策下，中国在农村推行了"家庭联产承包责任制"，极大促进了本国的农业生产。同时，国家为本地企业管理者赋权，让企业自负盈亏。这一举措代表着中国彻底摆脱了中华人民共和国1949—1978实行的人民公社制度以及由中央集中控制的企业管理制度。随后，中国将改革推广到工业领域，并于1980年在珠海、深圳、汕头和厦门成立经济特区，吸引了大量港台地区的华人到内地投资，进一步促进了本国工业生产。此后，中国的发展便众所周知了。

中国的"经济奇迹"让数亿国人摆脱了贫困，同时，也为中国成为世界第二大经济体并跻身世界强国之林做好了铺垫。过去四十年，中国经济盛况空前，与以往不可同日而语。

1978 年，中国的国内生产总值（GDP）仅为 3645 亿美元❶。截至 2019 年，中国 GDP 以惊人的速度增长了几十倍，达到了 98.65 万亿美元。在此期间，中国投资了不计其数的资金用于发展基础设施，从机场到高铁面面俱到。在 2011 年到 2013 年间，中国消耗的混凝土超过了美国在整个 20 世纪消耗的混凝土总量。最终，经济增长为中国积累了巨额的资本。2019 年，中国的银行存款总额为 26.9 万亿美元，外汇储备高达 3.1 万亿美元。

▸▸ 是什么造就了中国的经济奇迹？

中国为什么能取得如此惊人的发展成果？其背后有许多原因。其一，从 1978 年开始，中国政府便采取了更为开明的经济发展措施并制定了一系列长期计划。这些具有高瞻远瞩并且讲求实效的政府政策从根本上改变了中国经济，这些政策包括：开放国门；实施工农业家庭联产承包责任制；创建经济特区；制定对经济具有指导作用的五年计划，强化基础设施建设等。此外，中国还于

---

❶ 国家统计局数据。

2001年末加入了世界贸易组织（WTO）。其二，中国是全球化的受益者，从港台地区开始，来自世界各地的各大公司为中国带来了急需的资本、技术以及先进的管理方式。2020年，中国超过美国成为第一大外国直接投资的目的地，这些外资为中国带来了发展现代经济、建设工业强国所必需的专业技术及管理知识。

最后，如果没有庞大的人力资源，中国也无法取得今天的发展——14亿人民辛勤耕耘、修桥铺路、开创产业，不断开发新产品和新技术，是中国人民的付出造就了今天的中国。国家蒸蒸日上，四十多年的道路充满荆棘，所有的成就都应归功于亿万兢兢业业的中国人民，归功于面对无数艰难险阻依然勤劳乐观的中国人民。

中国的长期计划

中国经济奇迹的背后离不开国家层面的长期计划。中国政府从不隐瞒未来的发展方向，每隔五年就会公布未来五年的经济社会发展规划。早在1953年，中国政府便制定并公布了第一项五年计划，明确了国家的经济发展战略；设立了发展目标，启动了一系列改革措施并宣布了各项政府政策。五年计划其实并非中国所特有。苏联和其他的社会主义国家也曾实施过五年计划。但和这些国家比起来，中国有一个特别之处，那就是国家和政府会把这些计划履行得非常到位。虽然人们不必一字不漏地执行五年计划，但是这些计划为中国未来的经济发展起到了极为可靠的指引作用。

此外，中国的五年计划制定得非常详尽，除了为总体经济提供规划以外，还为各个重大行业提出了发展方案。这些重点行业不但可以享受政府提供的资金支持，还能够成为民间资本和海外资本投资的热点。中国的企业家非常清楚五年计划的重要性，因此，一旦计划公布，他们就会对其中的总体计划以及自身行业的具体计划进行学习，以便在日后的工作中分清主次。

总体来说，中国各阶段的五年计划明确了发展经济的各项条件，而其中最重要的条件便是基础设施建设。

中国的基础设施

谈到中国在改善基础设施方面的投入，有太多的东西值得书写，中国政府多年来一直在修建机场，并投入巨资发展轨道交通（尤其是高铁）以及水电站和核电站等基础设施。

中国的公路系统是一个极好的例子，它证明了国家如何通过基建投资将不同的地区进行连接，形成统一的整体。公路建设并为汽车产业的发展打下了坚实的基础。这一经历和美国非常相似，20世纪50年代，美国在艾森·豪威尔总统的领导下建成了州际公路系统。90年代初很多关注中国发展的人便知道中国将要打造一套与美国类似的全国性公路系统。很快这套方案就已经开始实施了。除此之外,还有另外一个原因也让人们相信,中国的汽车产业必将得到发展。

80年代以前,铁路在中国的货运及客运交通中均占有绝对的主导地位,而公路运输并不是主要的交通运输方式。在80年代和90年代,中国的交通运输出现了由铁路向公路转型的趋势。1978年,铁路运输占据了中国货运总量的一半以上,而公路运输比例不足3%。截至1997年,公路运输在货运中比例上升到了15%左右,而铁路运输的比例则下降到了三分之一左右。与此同时,公路运输在客运中所占的比例从三分之一上涨到了一半以上,而铁路运输的份额从三分之二下降到了三分之一。无论是货运还是客运,这种由铁路到公路的转型都要归功于中国急速发展的高速公路网络。

过去,中国是没有高速公路的,直到1988年,才建成了从沈阳到鞍山以及从大连到三十里铺的两条高速路。这两条路实行全封闭管理,可通过出入口对车流量进行控制,汽车可在路上全速通行。除此之外,从上海到嘉定的高速公路也在同年开通。1992年,中国宣布将要修建五条南北走向以及七条东西走向的核心高速线路。2004年,中国国务院审议并通过《国家高速公路网规划》,中国交通部宣布,计划用30年时间修建总长为85000公里(53000英里)的高速公路网络,贯穿所有省会城市以及人口超过50万的大城市和超过20万的中等城市。该扩充方案还提出了建设"7918

网络"的目标，该网络囊括了七条由北京向外辐射的高速公路，9条南北走向的高速公路以及18条东西走向的高速公路，这一网络将构成全国高速公路系统的骨干。

2013年，中国国务院新闻办公室公布了《国家公路网规划（2013—2030年）》，覆盖了从2013年至2030年间需要修建的国家公路系统及国家高速公路系统。本规划有以下几大目标：让出行更加便利，让全国不同的地区同时得到发展，进一步重视中国西部地区普通公路及高速公路的发展。根据这项规划，国家公路网络总长度需要达到40万公里，其中包括26.5万公里的普通国道和大约11.8万公里的高速公路。此外，由于南北走向的高速公路数量由9条提高至11条，"7918网络"遂更名为"71118网络"。

中国公路网络规划隶属于"第十三个五年计划"（2016至2020），着重强调了五个方面的内容：加快高速公路建设；连接长江沿线的重要公路以及重要的港口公路；为城市化提供支持，为城市群服务；连接各大城市和地区，为扶贫事业提供支持；提高交通运输效率。

截至2020年底，中国高速公路通车里程为16.10万公里稳居世界第一。

衡阳的例子。中国对基础设施的投资促进了生产力，加强了各地的交流，对此，衡阳是一个极好的例子。衡阳市位于广州以北直线距离约530公里（330英里）处，位于北京西南约1500公里（925英里）处。今天从北京前往衡阳，只需先花上两个半小时从北京乘飞机往长沙，再从机场打车前往高铁站，乘45分钟火车便能抵达衡阳。除此之外，人们也可以找一辆小汽车，在新修的高速公路上从长沙驱车两小时到达衡阳。但是，在90年代早期，这一切都无从谈起。

1994年，当时从广州到北京有一条两车道公路，这条路是连接中国南方和北京等北方城市的主要通道。任何时候，这条老旧的两车道公路都拥挤不堪，路上全是满载的大卡车，这些车辆把工厂生产的货物从中国香港、广州等南方城市拉往北方进行销售，对面车道也全是大卡车，车里装满了猪、鸡、鸭等农产品，由中国内地开往中国香港等地区。运气好的话，这条路上要开八小时才能到达目的地。由于没有停车的地方，卡车一旦抛锚就会造成拥堵，160公里路程不远，但人们通常要花上整整12个小时才能开完。

很快，从长沙到衡阳新修了一条四车道高速公路，将路程缩短到了两小时，时间变得十分可控。如今，长沙到衡阳的高铁已经开通，又让出行多了一项更加便利的选择。

从长沙到衡阳的时间从 8 小时缩短到了 45 分钟,这是整个中国交通的一个缩影,也是很多出行者亲眼见证的变化。

北京:另外一个例子。北京是中国最重要的城市,也是中国的首都,如果想知道基础设施的发展对中国大城市的日常生活有哪些影响,那很有必要去看一看,在过去的四十年中,北京人的生活发生了怎样的变化。

在过去的几十年里,北京发生了翻天覆地的变化。今天的北京是一座现代化城市,城市的轮廓日新月异。北京首都机场经历多次大规模扩建。北京大兴国际机场于 2019 年 10 月开始投入使用,目前是全世界最大的机场。整个北京有六条环形公路,机动车保有量超过 600 万台。大型工厂在北京已经不复存在,取而代之的是现代化办公楼、酒店、住宅小区,以及购物中心,里面开设了各种国际高端品牌专卖店和不计其数的美食餐厅。

今天的北京和 1993 年时有着天壤之别。当时,北京首都机场只有一个航站楼,建筑风格还停留在 20 世纪 50 年代,里面挤满了乘客。2000 年,机场在大规模扩建时修建了"2 号航站楼",在北京筹办 2008 年夏季奥运会期间,又修建了"3 号航站楼"。此后,1 号航站楼进行了重修,开设了星巴克和各类精品商店,除少数地方保留了原来的特色以外，已经没人记得它曾经的模样了。

如今，从机场到北京市区有一条 6 车道的高速公路，旁边的高架桥上便是一条高铁线。但在 1993 年，这里只有一条"老首都机场公路"，那是一条双车道林荫路，在破旧的卡车和马车间，还夹杂着行人和自行车。虽然那条老路上混杂了各种交通工具，但是用于载客的汽车却少之又少。

当年北京的出租车有几款不同的车型，每种车型价钱也不同。档次最差的是一种本地生产的小型箱式汽车，车身呈黄色，看上去很像一块安了四个轮子的面包，所以中国人叫它"小面包"。这种车可以挤下六个人，所以价格很便宜，每公里才一块钱（约 15 美分）。"小面包"安全性很差，而且，在到达终点之前，乘客还得全程接受一氧化碳的"滋润"。虽然中国有些城市今天还在使用"小面包"，但北京已经淘汰了这类车型。每公里花上 1.2 元，你就可以乘坐天津汽车厂生产的"夏利"牌轿车；武汉生产的红色"富康"，每公里 1.6 元；大众"桑塔纳"是最高端的车型，每公里 2 元。而如今，北京的出租车几乎全是北京本地生产的现代"伊兰特"，每公里 2.3 元。

虽然从那以后，北京又发生了翻天覆地的变化，但在 1993 年，这里的发展已经起步了。1992 年，三环路竣工，取代了原来那条两车道的林荫路。同年，以凯宾斯基酒店为亮点的北京燕莎中心也刚刚落成。凯宾斯基是当时北京最新的一家高端酒店，除此之外，外国人也会经常光顾喜来登长城饭店（Great Wall Sheraton），中国职工之家饭店（Palace）和北京贵宾楼饭店（Beijing Grand Hotel）。北京丽都假日酒店（Holiday Inn Lido）就是机场到市区的中间点，当年，这个地方已经算是荒郊野岭了。

很多人对当时的北京有一个很深刻的印象，那就是如果你晚上八点以后才到北京的话，你根本就找不到东西吃。这个时候，酒店虽然开着，但附近没有一家餐馆还在营业，就连凯宾斯基里的咖啡厅、高档西餐厅和一家川菜馆都统统打烊了。

从某种程度上来说，直到90年代末，北京才真正开始迈向国际化，并有了各种文体活动、餐饮和夜生活。人们的生活更加舒适，麻烦也越来越少，交通出行一天比一天容易，我们都能清楚地看到，中国在基础设施上投入了巨大的资金。中国经历了四十余年的高速发展，几乎每年的经济增长速度没有低于10%，整个国家和人民的面貌都发生了巨大的变化。

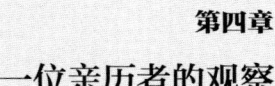

第四章
一位亲历者的观察

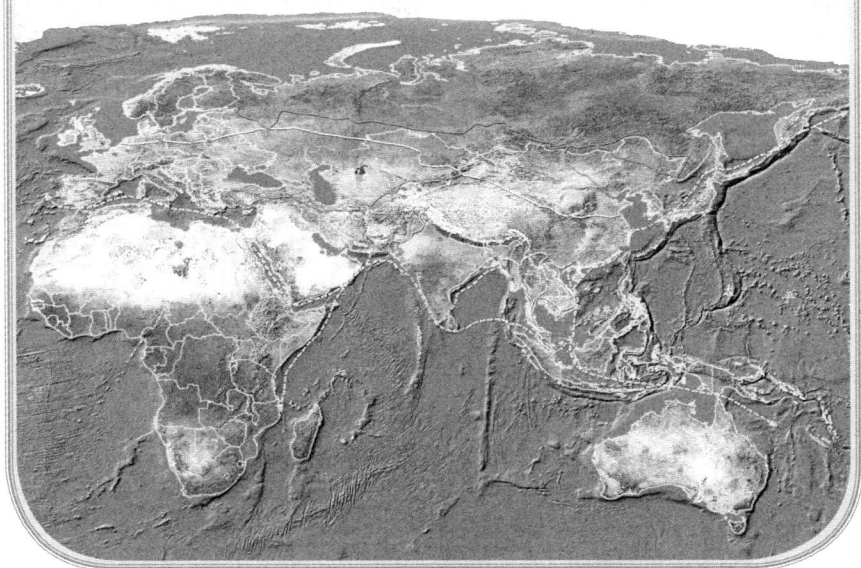

▸▸ **中国的汽车产业**

无论是在哪个行业,国家的规划与政府的政策都扮演者至关重要的角色。大多数情况下,政府的政策都非常开明,能够将资金、技术、人力资源统统都集中到那些对国家总体发展最为重要产业上。1978年以前,中国产业发展的资金只能由中央政府提供,而1978年以后,海外资本和民间资本对中国产业发展的重要性日益突出。中央政府颁布了一系列行之有效的长期规划和利好政策,在过去的40多年里,这些政策为中国各行各业带来了大量的资金、管理和技术。

这一系列规划和政策有效地推动了产业的发展,而受益最明显的就要数汽车行业了。尽管汽车行业在2018年和2019年比较困难,2020年初爆发的新冠疫情也将对2020年的生产和销售带来一定影响,但中国在2019年仍然生产了大约2600万台汽车,几乎是美国的两倍,占全球汽车总产量的27%以上。中国不仅在汽车产量上独占鳌头,随着电动汽车等新能源汽车的出现,如今中国在汽车技术上也有望达到全球领先水平。当汽车行业在欧美已经发展得非常成熟的时候，中国才刚刚起步，基础极为薄弱。但是通过一系列长期规划和有利政策，中国的汽车行业已经走到了世界前沿。

自 1949 年新中国成立以来，中国的汽车产业经历了五个独立的发展阶段。从 1953 年至 1990 年，中国汽车产业从零开始，不断发展，年产量达到了 50 万台以上。第二阶段始于 90 年代早期到 1995 年结束，在这段时间，汽车产量几乎翻了两倍，从 1990 年的略高于 50 万台增长至 1995 年的 150 万台。此后，为了应对两位数的通货膨胀，中国实施了财政紧缩方案，第二阶段的高速增长就此告一段落。从 1995 年开始，汽车产业的发展速度大幅减缓，2001 年加入世贸组织时，年产量为 240 万台。中国入世以后，汽车的产量和销量又迅速飙升，2019 年达到了 2600 万台，为 2001 年的十倍以上。

基础薄弱，从零开始。中国的汽车产业可以追溯到 1953 年，当时长春成立了第一汽车制造厂（简称一汽）。1953 年至 1957 年，第一个五年计划明确了 156 个重点项目，一汽便是其中之一。该厂的主打产品是解放牌中型卡车，这种车型在中国早期的工业发展中扮演着重要的角色。中国的卡车技术来源于苏联，而苏联的技术又来源于美国通用公司。

在二十世纪五六十年代，中国分别在南京、上海、济南、北

第四章
一位亲历者的观察

京成立了另外几家汽车组装厂,也就是今天的南京汽车集团、上海汽车集团(上汽集团)、中国重型汽车集团和北京汽车集团。在第三个五年计划(1966 至 1970 年)时期,出于国家战略的考虑,中国迅速加强中西部发展,将全国各大工厂迁往内地。在这样的背景下, 1968 年中国在十堰成立了第二汽车制造厂,也就是现在的东风汽车公司。

当年,中国的卡车几乎全部产自上述几家工厂。一汽每年还要生产少量"红旗"牌轿车,供最重要的国家领导人使用。此外,中国每年还要生产一批为数不多的"上海 SH760"轿车,该车型以梅赛德斯奔驰轿车为原型,供级别稍次的重要官员使用。在中国实施经济改革之前,步行、乘坐公共汽车、乘坐火车或者骑自行车是大多数国人最主要的交通出行方式。改革开放两年后,也就是 1980 年,全国各类汽车总产量达到了 20 万台左右。

通过合资企业吸引海外资本。当中国领导人 1978 年宣布"对外开放"的时候,他们便启动了通过吸引外资来促进经济发展的战略。紧接着,中国便开始实施相应的政策,于 1979 年颁布了第一条关于外商投资的法律——《中华人民共和国外商投资法》。按照今天的标准,当时国产卡车的产量确实不大,但在改革开放之前,中国的卡车生产已经有三十年历史了,而且基本可以满足国内市场对商用车辆的需求。但是,当时的中国基本没有乘用车产业,因此,第一家合资汽车公司自然而然地就进入这个领域。

80年代中期，中国的乘用车产业是从三家合资公司开始的。1984年，北京汽车公司（今天的北汽集团）和一家名为美国汽车公司的小公司合资成立了北京吉普汽车公司。随后，上汽集团于1985年与大众公司合资，成立了上汽大众公司。到了1986年，广州市政府和标志雪铁龙集团合资成立了广州标志公司，生产"标志"牌轿车。90年代中期，大众公司与一汽集团在长春成立了第二家合资公司，而北方工业公司也和日本铃木完成了合资事宜。在中国加入世贸组织时，六家合资公司和一家中国独资公司撑起了整个中国的乘用车产业，这家中国独资公司就是获权生产"夏利"牌汽车的天津汽车公司。

入世以后的发展。2001年中国加入世贸组织，这是中国发展历程中的一道分水岭。随着中国正式加入国际经济共同体，每一项经济指标都开始全速增长。加入世贸组织是中国做出的一项大胆决定，其功劳当归于时任国务院总理朱镕基，是他推动了中国加入世贸组织的进程。

然而，加入世贸组织曾一度让中国的管理者们非常忧心，大多数人都认为，这意味着中国的企业将不再受到保护。对于中国的管理者和员工而言，加入世贸组织意味着什么？就此，亚新科北京燃油泵厂的总经理曾做过一个非常恰当的比喻。为了提醒下属未来将面临怎样的挑战，他在工厂大门挂了一副很大的横幅，写下了这样一段谚语：

第四章
一位亲历者的观察

在非洲大草原上，羚羊在早晨醒来，它知道，自己必须跑得过最快的狮子，否则就会被吃掉。在非洲大草原上，狮子在早晨醒来，它知道，自己必须追得上最慢的羚羊，否则就会被饿死。所以，不管你是狮子还是羚羊，你最好在太阳升起时就开始奔跑。

然而，对中国而言，加入世贸组织就像拿到了一把钥匙，打开了汽车行业发展的引擎。中国入世以后，政府解除了对引进新车的限制，开放了汽车金融，降低了关税，同时，外资企业获得了进入汽车供销领域的许可。最终，国产乘用车车型由入世前的13种增加到了现在的150种。由于竞争更加激烈，配件生产的本地化程度提高，乘用车的价格进一步下降，同时乘用车和货车销量大幅上升。在中国入世之初，汽车年产量仅为240万台，此后，每年汽车产业的增长幅度达到了两位数，2019年的产量已经突破2600万辆。

今天，全球几乎所有的汽车品牌在中国都设有生产基地。吉利、长城、华晨、广州汽车和长安等自主品牌也加入了竞争的行列，与外资合作的中国厂商也已开始开发生产自己的车型。随着乘用车销量和产量的增长，本土品牌的市场份额也在不断攀升，从2002年的不足24%（1997年时几乎为零）上升到了今天的40%左右。

大部分本土汽车企业都有出口海外的远大志向，而其中有很多公司已经打开了东南亚和中东国家的市场。我相信，中国轿车将来一定会出现在世界各个角落，出现在美国和西欧这种难度最大的市场，这一切只是时间问题。

中国的商用车领域。和乘用车市场不同，本土企业几乎垄断了包括卡车和大客车在内的全部商用车市场。中国商用车市场以低价产品为主导，而对外资公司而言，要实现这样的低价确实颇有难度，因此没有一家外资公司在中国的商用车市场占有突出的份额。中国重型汽车、福田、玉柴、潍柴、宇通和中通——对于这些生产卡车、大客车和柴油发动机的中国公司，西方人普遍不太熟悉。如今，中国的卡车和大客车生产商正在不断进步，让自己的产品质量更好、可靠性更高并且更加具有科技含量。同时，它们也正在大幅提高自己的出口销售额。中国大中型卡车的年产量已经超过了100万台，处于国际领先水平。

新能源汽车。2019年，全球一共生产并销售了9500万台汽车，其中绝大部分都是靠内燃机（ICE）驱动的汽车。内燃机汽车依靠现成的石油和汽油提供动力，在过去的一百年中成了汽车产业的主力军。然而，时代的风向正在变化，由于电动汽车和其他形式的新能源汽车已经开始取代内燃机汽车，许多人相信，规模高达2万亿美元的全球汽车产业将会发生一次重大的转型。

尽管目前电动汽车和插电式混合动力汽车的年产量还不足汽车总产量的3%，但许多人依然相信，"电动革命"已经在汽车行业悄然出现了。很多业内专家估计,在 20 年内,电动汽车将占汽车总销量的 40% 以及全球小汽车保有量的 30%。

人们有充分的理由相信,电动汽车代表着汽车行业的未来。首先,技术成本已经大幅下降,2020 年的电池成本仅为 2015 年的 20% 左右。此外,未来的技术创新意味着电池价格将进一步下降。其次,中美等主要国家都在推广汽车充电设施。再次,即使按照今天的油价,电动汽车的运行成本还是低于内燃机汽车。技术的发展将会进一步降低电动汽车的初始购车费用,当购买成本和内燃机汽车持平,而运行成本又更加低廉的时候,电动车将在经济方面具有更大的吸引力。

就电动车产业的发展而言,中国已经超越了其他国家,牢牢地占据着领先地位。2019 年,全球电动汽车和插电式混合动力汽车销量为 210 万台。其中,中国的销量为 110 万台,占比过半。同时,美国作为全球第二大汽车市场,销量为 32 万台。

为什么中国在电动车技术的发展上遥遥领先于其他国家?原因很简单,因为这是中国唯一的选择。从国家层面来看,有三个重要的选项摆在中国面前。第一,不限制内燃机汽车的发展,任其数量高速增长,让中国面临日益严峻的空气污染和能源独立的问题。第二,政府对国民的交通出行方式进行限制,从而平衡环境问题。第三,发展新技术,让老百姓拥有自己汽车的同时,不破坏城市空气质量。中国选择了发展电力及氢动力等新技术,为经济发展提供清洁环保又负担得起的交通方式。

美国面积广袤，郊区地广人稀，各个社区对汽车的依赖度较高，因此，当内燃机汽车问世的时候，美国就顺理成章地成了全球最大的汽车市场。如今，中国取代了美国的位置，成了全球对汽车需求量最大的国家。就市场和城市的结构而言，中美两国大有不同。

中国拥有14亿人口，由于人均收入不断上涨，人们开始购买私家车，如果只依靠传统的汽车技术，环保问题便无法解决。中国如今已经是全球最大的汽车市场，在未来的许多年内，汽车年产量还有望持续增长。在美国，几乎平均每人都有一台汽车。而在中国，平均每六人才拥有不到一辆汽车。尽管中国的人均汽车保有量可能永远也无法达到美国的水准，但汽车的普及率继续增长将成为一个不争的事实。

中国各行各业都在上演着与此类似的故事。巨大的人口为中国带来了巨大活力，但机会和挑战无疑也都是巨大的。城市人口数量多、增长快，并且越来越富裕，满足他们的交通需求并改善空气质量，便是这些巨大挑战当中的一项。

中国的人口密度远远高于美国，中国排名前十的城市人口数量为600万至2200万不等，此外，有160座以上的城市人口超过了100万。相比之下，美国排名前十的城市人口数量仅为100万至860万不等，而人口超过100万的城市仅有10座。

不仅如此，今后中国的城市很可能会变得更加拥挤。在中国13亿人口当中，大约有一半人还居住在农村，而根据目前的趋势，城市人口将持续增长。在未来的几年里，最多有2.4亿人有望从农村迁入城市。因此，截至2025年，在全球人口增长最快的10座城市中，有6座都将来自中国；在全世界最大的600座城市中，有三分之一都将来自中国。

在过去的一个世纪，对于地域较广、城市人口密度较低的美国而言，内燃机技术是最佳选择。但中国城市人口密度很高，正在为世界带来新的需求，过去的技术已不再适宜今天的环境。因此，在发展电动汽车以及各类新能源汽车的道路上，中国很可能会继续走在世界的前沿。

▸▸ 到中国去

中国政府通过一系列利好政策，让中国的汽车行业跃居世界前列。90年代中期，政府出台政策，允许外国人持有合资公司过半的股权，也正是基于这个原因，我才最终把3亿美金投入了中国的汽车行业。

首先汽配行业似乎具备了一切适宜的条件——该行业肯定会和中国经济同时发展。其次由于传统厂商进军中国的速度比较迟缓，所以行业缺口比较大。再次，政府同意我拥有控股权。美国有一种产业"打包"的说法，在本质上和我的方案是一样的：购买十来家中国大型汽配公司过半的股权；对这些公司进行整合，形成规模经济；再为这些公司注入统一的管理模式和品控系统。我相信，通过这种方式，我就可以利用自己手中的资源，创立一家具有国际竞争力的企业。

当时中国大部分工厂都归地方政府所有，为了让他们把超过一半的股权出让给我，我愿意为他们提供三项重要的资源。那就是"资金、管理和技术"，无论是在什么地方，任何一家想要谋求发展并建立国际竞争力的公司，都必须具备这三大资源。由于我曾在华尔街工作了20年，要让他们相信我们能带来资金并不难。此外，由于我在美国拥有比较深厚的商务背景，要让他们相信我们能带来技术也不难。但是，对于提升企业管理水平这个问题，大部分人都对我持怀疑态度。今天，我可以很高兴地说，在我创办亚新科的十五年时间里，这三件事我们都做到了。

当然，我当时的所有分析、推论、战略都只是停留在理论阶段。理论上这是一个好的方案，但在现实中是否能够实施？对此，我有必要做出一个明确的判断，这不仅是为了满足我自己的好奇心，也是为了说服投资人为这项事业提供资金。

第四章
一位亲历者的观察

▸▸ **40 座城市，100 家工厂**

为了完成我的调查，我雇用了两名员工——一名中国人，一名英国会计师，后者会说中文，曾在安达信会计师事务所就职。1994年亚新科科技公司成立，并最终发展成了中国顶级的汽配供应商，年销售收入近10亿美元。但是在1993年1月，也就是公司成立的前一年，我们能掌握的全部资源就只有三名员工和一张美国运通（American Express）的信用卡。

我当年在哈佛商学院快毕业的时候，一家波士顿本地银行为了提升业绩，给所有大二的学生都办了一张白金卡。我当时还并不知道，这张美国运通的白金卡没有支付限额。这可是件大好事，因为我们出差的次数实在太多了，而每次出差都得用这张卡片来付钱。在1993年的前九个月中，我们三人跑遍了中国40余座城市，参观了100多家工厂。

作为理性的创业者，我们必须认识到一个重要的问题，那就是在1993年时，所有中国人都没有资金。虽然中国外汇储备如今已高达3万亿美元，但当时却仅为区区260亿美元。企业没钱，老百姓更没钱。1993年，中国人均GDP仅为377美元，而今天已经超过了一万美元。1993年，有近12亿人生活在中国，但和我一样去过华尔街的人却屈指可数，在华尔街工作过20年的人更是凤毛麟角。因此，当我说自己要带着资金到各地工厂参观的时候，大家都很欢迎。

我们每天参观两个工厂，那感觉就像一天之内连开了两场新年晚会，而且天天如此。我们每天起床以后便驱车两小时前往工厂，主人会向我们介绍工厂，带我们实地参观，最后邀请我们共进午餐，席间我会发表一场以"资金、管理和技术"为题的独门演讲。之后我们又接着开两小时的车前往下一个工厂，然后把上述的流程重复一次，并以一顿晚宴结束当天的行程。

每当有人问我对当年的考察有何感受，我都会告诉他们，"你随便说一个城市或者省份，我敢说自己1993年的前9个月一定到过那儿。"学习中国的饮食文化也是我了解中国的一个重要部分。在大部分宴席上，东道主们都会滔滔不绝地向我介绍每样食品的保健理论。比如，有人说湖南和四川辛辣的食物可以清理五脏六腑，帮助人体祛热降火。对这些理论，我也不知是真是假，但无论在中国哪个地方，人们对每道菜的讲解都并无出入。毫无疑问，饮食是中国文化至关重要的一部分。吃饭不仅是为了填饱肚子。吃饭是为了和亲朋好友相聚一堂，并结交新的朋友。

当然，吃饭的时候是一定要喝酒的。中国北方有种说法，"有了三道菜，你就该喝酒了，要是有了四道菜，你不但要喝酒还要说话。"当我们前往北方的工厂考察时，酒席开始前主人一律会对我们说，北方人喝酒是为了抵御严寒。可没过一两周，我们又来到了号称中国三大"火炉"之一的南京，当说到为什么南京人也爱喝酒时，主人解释道：那是因为南京太热了。后来我们又到了四川，这里的主人理所当然地告诉我们，四川人必须喝酒，因为四川吃得太辣了。

正式交流结束以后，大家吃饭饮酒，觥筹之间真情毕露。拒绝别人给你夹菜是不礼貌的，这自不必说。更重要的是，和中国人一起喝酒表明你是条汉子，表明你愿意和他们交朋友，也表明你愿意接受中国人的处世之道。尽管现在已不多见，但在那个时候，我们参加过的所有宴席几乎都少不了一项中国人的最爱，那就是大名鼎鼎的白酒。

我们1993年早期参观的许多工厂都是北方工业公司（Norinco）旗下的企业。北方工业公司的前身是中华人民共和国第五机械工业部，主要负责为中国军队供应武器和军火，在全国各地拥有许多工厂。随着中国汽车工业前景日渐乐观，北方工业公司及时调整了产品结构，把各个工厂的部分产能划给了民用品的生产。当我们和北方工业公司的负责人第一次见面的时候，这家公司在汽车行业已经拥有超过100家工厂，其中大约有30家负责汽车组装，70家负责生产汽车配件。

作为一家准军事机构，北方工业公司旗下许多生产基地都是所谓的"第三战线"工厂，坐落在一些很偏僻的地方，例如四川的山区。20世纪六七十年代，中国领导人担心中国的军事设施和工业设施遭到轰炸，便发动了一场运动，将军工厂转移到了中国内陆的深山老林和偏远地区。这些军工厂便是和未来敌人对阵的第三战线，而沿海地区与各大城市便是中国的第一战线和第二战线。

因此，我们在1993年参观的很多工厂都地处偏远，距离最近的城市都有两三个小时的车程，路况越走越差，有些道路走到后面就变成了满是尘土和泥泞的小道，有时候这些道路甚至根本到不了工厂。有一次，我们只能乘渡船过河，因为河上连座桥都没有。至于原材料是怎么进去的，产品又是怎么运出来的，我到现在也没想明白。虽然我也知道，面对那些看似不可能完成的任务，中国人总有自己的解决办法。

我们经常会路过一些村庄，当地的农民喜欢在路边摆摊卖东西，这让本来就很狭窄的道路更加难以通过。我们的汽车像爬一样穿过村子，你只要打开车窗就能拿到摊位上的任何东西。这些地方的老百姓通常是没有见过外国人的。有一次，我们来到一座小村子，停车后我打算下车伸展一下胳膊。然而就在我开门下车的一瞬间，旁边一位可怜的老太太突然尖叫了一声，被吓得心脏病都快犯了。没错，敦实的体格、浅黄的头发，还长着一个大鼻子，我看上去一定像是一个转世的魔王。

北方工业公司的制造厂基本都建在山区，它们都是一些规模庞大的生产基地，同时它们自身也是一座城市。一座工厂容纳两万员工一点也不稀罕，工人和家属都在厂里生活。每一座工厂有

第四章
一位亲历者的观察

一块用于休息的中心区域,晚饭过后,你能够看见好几百人,有的站在那儿无所事事,有的聊着天,有的在做着各种游戏。工厂周围都是大山,附近没有城镇,也没有娱乐活动,工人们的确也没什么事情可干。

我们曾经去过一个工厂,那座工厂有五公里长,一公里宽,盘踞在一条狭长的山谷间,两旁都是高山。为我们做翻译的是一名年轻人,小伙子阳光开朗,圆乎乎的脸庞看上去还有些孩子气。他向我们解释说,工厂被大山包围,这样可以防止炸弹袭击。对于他的说法,我很赞同。在正式会谈开始之前,我们闲聊了一会儿,我问他,"你平时在这儿有什么娱乐吗?"他脸上露出了一丝顽皮的笑容,说道,"我喜欢看音乐电视。"

每当我向人讲述这场发生在 1993 年前 9 个月的"长征"时,人们总是很好奇,他们都想知道在那个年代穿越中国是一种什么样的体验。暂且不说那些业务和工厂,当时的中国到底是一个怎样的国家?毫无疑问,那 9 个月是我人生中最有趣、最迷人的时光。在那一次次旅程中,我到过许多外国人难以企及的地方,而如今,这一切都已永远消逝、一去不返了。当年,中国绝大多数城市还没有像北京上海这样发生着翻天覆地的变化。现在,即使是在比较偏远的地方,我们也能看到快餐厅、超市以及现代化的建筑和汽车,然而在 1993 年,这些地方一无所有。

今天,我们生活在一个由微信、支付宝、智能手机、信用卡、网上预约和电子机票构成的现代化世界，但在那个时候，我们却依靠最传统的方式行走在中国的大地上。你必须前往售票处或者旅行社才能买到机票。你得等上半年才能在北京开通一部座机，所以电话少得可怜，手机更是无从谈起。信用卡还完全是个新玩意儿，吃饭、住店甚至购买机票都必须用现金支付。

▸▸ 中国人的精神

　　如今，中国人的衣食住行或许已经发生了很大的变化，但他们的精神却一直没有改变。中国人热情好客，乐于工作也享受工作。在 1993 年的 9 个月里，我曾去过许多偏远地区，大部分外国人，甚至很多中国都从未见过这些地方。在这段时光里，中国人的人生态度不断打动着我。我发现，无论条件多么艰苦，他们都是一如既往的乐观、积极、风趣，并带有一种发自内心的幽默感。

　　无需花费太多时间就能发现，中国人极其勤奋。我第一次在中国出差的时候，这种勤奋便让我印象深刻。即使贫穷令人绝望，他们也从不放弃。他们没有在绝望中坐以待毙，而是勤劳工作，勇往直前。在早年出差的那些日子里，我曾经乘车经过了一些非常偏远的小山村，那眼前的景象给了我极大地振奋：工人们佝偻着身躯，扛着沉重的砖块沿着木板向上前进；农民们骑着自行车，车上满载着水果、蔬菜、鸡鸭等农产品；小贩们把摊位摆在街前，挂着一块块待售的猪肉。每一个人都在干活儿。尽管 50 年代的美国和 90 年代的中国差异颇为明显，但我在中国却发现了很多似曾相识的东西。

我感受了中国人的热情，目睹了中国人的勤奋，我不得不对他们发出由衷的敬意。我不在乎什么政治，我也不在乎后来遇到的那些品行不端的人，我敬佩的是绝大多数勤劳智慧、乐观向上的中国人民。当我离开这些工厂的时候，令我印象深刻的不但是中国的商机，更是中国的大众百姓——这才是中国最大的财富。

中国的管理缺口

历朝历代，中国人民都非常勤劳，完成了不少超凡卓绝的伟大壮举。长城是我最喜欢的历史遗迹之一，我一有机会便必定会前往参观。长城规模之大，超乎想象，在没有挖掘机、反铲机和起重机等机械化装备的条件下，人们依然能够建起长城，这一点最让人难以置信。同样的，在四川和安徽考察时，我对当地绵延不绝、长达数英里的梯田也是惊叹不已。难以想象，仅凭双手和一些简单的工具，在几千年的时间里，中国人能够把一座座大山开垦得如此彻底。从古至今，中国的人力资源一直都是一大优势。

尽管中国拥有强大的人力资源，但中国缺乏强大的管理资源，至少这是当今中国面临的问题。毫无疑问，古往今来，封建帝王们成功地创造了许多伟大的发明和壮举。但是，在最后一个封建王朝覆灭以后，中国的管理资源就一直乏善可陈，一个成功的现代化经济体是由许许多多具有国际竞争力的公司构成的，想要建立这样的经济体，优秀的管理必不可少。我1993年在全国各地考察时，曾提到了"资金、管理和技术"三大要素。在这三大要素中，经济的发展可以带来资本，市场的发展可以带来技术，但如果没有出色的管理，这一切都无从谈起。

发展经济需要尖端的技术和高附加值的产品，1978年刚刚对外开放的时候，中国没有资金去购买这些东西。幸运的是，为了进入潜力巨大的中国市场，全球各地的企业和投资人愿意为中国提供充足的资金和技术。但是，这些外资企业在中国经营时却面临着一个巨大的挑战，那便是怎样才能建立一支强大的本土管理团队？

▸▸▸ 中国为何存在管理缺口？

要回答这个问题，先得从中美两国近几十年的历史说起。第二次世界大战过后，美国、西欧和日本都通过自由市场和资本主义来重建经济，而中国却把方向对准了国内。在当时的中国，推动经济发展的要素是国有经济和计划经济，而不是市场力量和创业精神。但在西方，为了获取赖以生存的客户和资金，管理者们必须正确地面对市场竞争，并学会如何提高管理效率。

在中国，国家为管理者们提供了一切资金和劳动力，并告诉他们需要生产哪些产品。生产完成以后，产品就直接交付给其他国有企业进行分配。在这样的体系中，管理者们从来就没有见识过什么是真正的市场，因此，他们也从来不做出任何改进和调整。这样一来，国有企业便成了一潭死水，管理层几乎全是由一帮"高度官僚型"的管理者构成。

然而在以美国为首的西方国家，企业为了在一个竞争日趋激烈的世界中立于不败之地，已经把管理当作一门科学来对待。为了提高管理水平，拓展管理知识，他们对管理开发课程进行了大量的投入。那些希望提升职业前景的员工也会花时间提高自己。在许多公司，取得工商管理硕士（简称MBA）学位是晋职加薪的必备条件。无论是管理开发课程还是MBA课程，其目的都是为了培养具有管理潜质的人才，让他们获取丰富的管理知识，从而具备管理大型企业的能力，同时，这些课程还不会破坏他们的创业精神，这是企业发展的必备条件。西方国家培养了一大批集上述优秀品质于一身的人。对许多人而言，为企业培养领导就像为军队培养将军一样重要。这也就是哈佛商学院被称作"资本主义的西点军校"的原因所在。

良好的管理也有资本市场的功劳。通用电气等公司就是以管理的深度和质量而著称，而它们最终也收获了高额的股票市值。

70年代，美国企业前景迷茫，投资人对它们的股票避之不及，面对趁火打劫的收购者，美国企业非常被动。这时，以丰田为首的日本公司创立了很多新颖的管理体系，在美国市场带走了大量客户。由于资本市场是自由的，客户也有选择的权利，于是这一切最终引发了一场席卷全美的管理改革。而在同一时期，中国的封闭式经济却与之形成了鲜明的对比。

1978年，邓小平启动了经济改革方案，为中国人民解开了经济的枷锁。众所周知，中国人民是全世界最有创业精神的民族之一，一旦解除了束缚，这种创业精神便开始进一步发扬光大。但是，由于少了相关的法律体系或独立市场的约束，不受束缚的资本主义如脱缰的野马，又引发了一系列新的问题。过去，你在中国只会看到高度官僚型的管理者，而如今，你还可以看到第二类人，他们可以被称作"高度激进型"管理者。

古往今来，中国并没有把管理当作一门科学的传统。在过去，学校不会教你这门课，中国的管理者们也从未真正有机会去学习过基本的管理理念和管理工具。90年代兴起了一股外国直接投资的热潮，当时中国政府正在降低对非战略性产业的参与度，全国都在向面向市场的经济模式转型。于是，中国对职业管理人的需求不断上升，而需求量最大的恰恰又是那些极为稀缺的人才。尽管中国人民大学在1991年率先创办了商学院，跨国公司也在90年代引入了管理开发课程，但高速发展的中国经济对管理人才的需求却依然难以满足。

所以,在这样的环境下,当亚新科这种来自发达国家的公司在中国落脚的时候,立马就会遭遇"管理缺口",如下图所示:

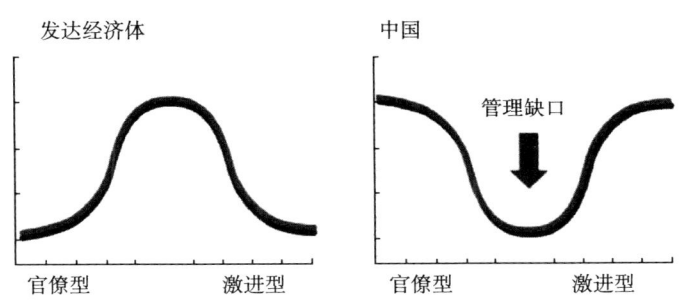

20世纪90年代中国的管理缺口
国有体制与不受束缚的创业精神

在美国,本土职业管理者人数众多,企业选择余地很大,但在中国,企业往往只有两种人可选,一种是"高度官僚型",还有一种就是"高度激进型"。其实不说也知道,这两种人都不是企业想要的。

如果企业选择了官僚型的管理者,那么最终结果便是一事无成。面对任何改进的建议,他们只会给你这样的借口:"这是中国,这儿和其他地方不一样"。另一方面,如果企业管理者过于激进,那公司总部的高管们一定会提心吊胆、寝食难安。他们永远不知道这些莽撞的企业家最终会干出些什么事,因为这帮人根本不按套路出牌。

在亚新科，那些来自国有企业的官僚型管理者不停地生产着市场不需要的产品。而另一方面，那些过于激进的管理者又完全不受控制，经常做出类似于开办工厂和我们自己搞竞争这种事。1997年，亚新科遇到的最大挑战便是如何去填补这种管理缺口，这也是当年许多公司在中国经营时面临的最大挑战。

无论是国企还是民企，中国的本土企业都是大陆人在经营，无论是理解本地市场，还是把控商业行为，他们都有先天的优势。对这些本地企业而言，提高管理水平的重要性也日益凸显，但它们面临的问题肯定不像外资企业那样迫在眉睫，后者不但要讨好投资人、总部的高管和客户，还必须把中国的业绩做得和世界其他地方一样出色。

在1997年接近尾声的时候，为了在中国建立一家拥有竞争力的企业，我们从残酷的现实中汲取了教训。有句话叫做"需求是创造之母"，在这种时候，我们必须要创造一些自己的东西。在一切困难之中，我们创造了一种新的管理模式，那就是我们的"新中国"战略。这将会是一种可行可靠的发展模式，能够让我们的企业重获新生，最终带来希望的曙光。

由于亚新科的经营范围仅限于中国，我们没办法从别的地方派来一支成熟可靠的管理团队。然而，塞翁失马，焉知非福，在这些困难的驱使下，我们不得不利用中国现有的管理资源，而后来的事实证明，发掘、开发并聘用本土管理团队最终成了公司发展的关键。但是，这个过程并非一蹴而就，我们不断摸索，在放弃了另外两种尝试以后，才找到了真正有效的管理良方。

▸▸ 亚新科的经验

我们的经验似乎在强调一个事实，中国发展最亟需的要素是管理，而不是资金和技术。1993年，当我们以闪电般的速度考察完40座城市和100家工厂以后，很快便在圣诞节假期的六周内筹集了1.5亿美元的资金。在接下来的两年中，合资公司逐一成立，在此期间我们又筹集了1.5亿美金。截至1995年，我为投资汽配行业顺利筹集了3亿美元，即使是在今天的中国，这也是一笔巨款，90年代中期，在中国经济和汽车工业刚开始起步之时，这更是一项非凡的成就。

根据当时的策略，我们准备收购十家左右中国最好的汽配公司过半的股权，事实证明该策略是正确的。亚新科旗下大部分公司都成立于1994年和1995年。高峰时期，公司在8个省份拥有18家经营单位，并在全国各地拥有12000名员工以及52个销售办事处。由于亚新科的发展策略非常独特，许多像博世、卡特彼勒、德尔福、斯凯孚和德科瑞美这样的业内领军企业都纷纷找到了我们。为了把自己的产品销往中国，这些企业都愿意选择亚新科作为投资合作伙伴。此外，为了降低成本，这些国际大公司都愿意从我们的工厂采购配件。

随着业务逐步展开，我们很快就发现，中国企业管理的难度远远超乎我们的想象。1992年至1995年，国内汽车产业高速发展，掩盖了亚新科在经营中遇到的很多潜在问题。到了1996年和1997年，汽车市场开始降温，这些潜在的问题便逐渐暴露了出来。

其实亚新科在1997年遇到的问题并不是什么新问题。这些问题从头到尾一直都在，只是过去没有看到而已。1997年市场环境非常恶劣，亚洲金融危机带来了诸多不确定因素，再加上其他的宏观经济因素及行业因素，这些问题就像河里的石头一样，当水面下降时，自然就浮了出来。在这些问题当中，有一部分是亚新科特有的，而大多数则是一些根本性的问题，任何一家在中国经营的企业都可能会碰到。只有解决了这些问题，公司才能生存。

90年代初，中国汽车年产量约为50万台，主要供应国内市场，大部分都是卡车。在1992年至1995年间，市场扩大了两倍，达到150万辆，不仅卡车产量有所增长，同时，为了促进整个产业的发展，中国还开启了乘用车的生产。伴随着卡车市场的发展，汽车组装厂开始用扭矩更大、性能更好柴油发动机替代过去的汽油发动机。从1992年到1995年，车用柴油发动机年产量增长了3倍，达到了40万台。这对亚新科非常有利，因为我们有很大一部分产品都会销往柴油发动机市场和卡车市场。

第四章
一位亲历者的观察

但当时我们并不知道，1997年的销量下跌其实从1996年就已经开始了。1996年初，我们的销量增长约为20%，考虑到朱镕基1995年实施的财政紧缩计划对当时中国的影响，这一销量还算不错。朱镕基时任中国总理，也是中国经济的掌舵人，为了减缓高达两位数的通货膨胀，他制定了一项紧缩的信贷政策。这项政策转而又触发了一场从90年代后期一直延续到21世纪初期的通货紧缩。在1996年到2001年间，新车销量大幅下滑，汽车行业几乎停滞不前。2001年末，中国加入了世贸组织，这又重新打开了汽车行业发展的引擎，同时也为中国成为全球规模最大、发展最快的汽车市场做好了铺垫。然而在这之前，汽车的生产和销售经历了长达7年的萧条期。

从微观层面来看，由于大部分汽车在1997年之前就已经完成了柴油发动机对汽油发动机的替换，因此大型柴油发动机制造商的销售开始减缓。这对我们的业务带来了直接的影响。1996年末，公司销量和去年同期相比几乎没有太大增长，而到了1997年，公司的业绩便开始下滑。

事实证明，我们在1995年末至1996年初看到的销量增长其实是一个错觉。那时亚新科很多总经理都是来自国有企业，他们往往会把产量放在第一位，经常连订单都还没有签，就开始生产产品并给客户发货了。这不仅造成了库存积压，还在一定程度上导致了公司后期出现的负增长。当客户后来把那些未下单的产品退还给我们的时候，公司便不得不对前期的销售收入做撤销处理。

在此期间，利润与现金流之间也出现了明显的缺口。当你看到一家中国企业正在盈利的时候，你就应该问一问，"应收账款和存货是什么水平？"中国的企业管理者往往会把利润放在首位，这本来是件好事。但问题在于，他们并不像西方国家的同行那样重视现金流。

在中国的经济体系下，国有企业总是能够从大型国有银行获取现金，事实上，所有国企和银行的背后都是同一个老板——国家，因此，现金在谁的手上并不那么重要。无论是银行、供应商还是终端客户，谁持有现金都一样。当你问及报表上一个长达两年的应收账款时，国有企业的管理人往往都会信心十足地告诉你：这笔款一定能收回来。我之所以敢出此言，那是因为我曾经向公司的第一批管理者问过这样的问题，而他们也总是给我这样的答案。

中国的税收政策对此毫无助益。中国的税收政策不允许企业针对已经到期的应收账款或者是积压库存计提准备金，这就导致损益表和资产负债表的虚高。根据中国的税法，一家企业必须要把客户告上法庭并赢得诉讼以后，才能将到期的应收账款进行冲销。而如果想冲销积压库存，企业则必须先将这些存货实实在在地销毁。那些早期形成的国营企业思维迟迟没有消散，这和税收政策等问题又结合在一起，共同导致了资产价格的虚高，一切麻烦在整个1997年全都冒了出来。

与此同时，我们每家工厂的管理似乎都出了些问题。以北京的燃料厂为例。这里总经理老是喜欢购买过多的生产设备，在行业进入下行周期时，这不但导致了产能过剩，也让公司背负了承重的债务，阻碍了公司未来几年的发展。由于对增长额和利润过度迷恋，他本人也成了在客户还没下单之前就开始发货的罪魁祸首。后来这些产品都被退了回来，公司的销售额在1997年下降了24%。

亚新科还有一家生产摩托车配件的合资公司，这里的总经理曾将公司的机器加工业务分包给了自己辖区内的多家本地工厂，而后来我们才发现，这家合资公司的员工和管理者居然是这些工厂的股东。当这些工厂发展壮大以后，便成了公司的竞争对手，拉低了我们产品的售价。这次事件造成的结果是：到了1997年，合资公司销售收入下降了26%。

还有一家工厂，这里的总经理决心要大力发展汽车零部件业务。虽然当时缺乏完善的信用把控措施，但他依然给各家零部件分销商发送了大量的产品。这些分销商当然很乐意，因为在产品卖给终端客户之前，他们是不打算付钱的。在货物没有最终卖出去的时候，应收账款便成了一个很大的问题。虽然我们最终把货给停了，但这件事情造成的结果是：1996年这家工厂的销售收入上涨了47%，而1997年销售收入下跌了20%。

由于行业环境和中国经济总体状况都不甚理想，我们那些经营相对较好的公司日子也并不好过。亚新科在湖南有一家燃油泵公司，销售收入增长仅为 5%。还有一家模压橡胶公司，过去业绩一直很稳定，销售收入在 1996 年上涨了 49%，但是到了 1997 年还下降了 1%。亚新科唯有一家活塞环公司的业绩增长还不错，1996 年和 1997 年的销售增长幅度分别为 22% 和 12%。

因此，1997 年成为了亚新科一个巨大的转折点，也正是在这个时候，我们开始着重思考一个问题：中国的管理者和美国的管理者为何如此不同？我们对此应该做些什么？其实两者最大的差别在于，美国的管理者在面对宏观经济问题和行业问题的时候，可以迅速制定出纠正措施。但亚新科却没有这种能力，面对这些问题，大部分总经理都束手无策。更糟糕的是，面对当时的经济环境，他们的态度非常消极。这种巨大的差异迫使我们必须搞清楚两个问题：在行业环境同样不好的情况下，为什么中国的管理者表现出的反应会如此不同？另外，为什么中国面临如此巨大的管理难题？

▸▸▸ 亚新科的"新中国"战略

为了填补管理缺口，许多外资公司开始从海外为中国的分支机构寻找管理者。他们最早把目光投向了华人较多的中国香港、新加坡和中国台湾。虽然这些地方的华人都说中文，但问题在于，新加坡、中国香港和中国台湾跟中国内地的情况截然不同。虽然这些管理者都是华人，但他们来自不同的国家和地区，如果没有在大陆经商的经历，他们就任以后也同样会遇到麻烦。

另外一种办法就是聘用那些10到20年前就离开中国的华人，他们在美国念过书，在大型跨国公司工作过，人数也不算太少。由于他们本身就来自中国，所以中文肯定没有问题，但他们离开中国的时间又有点太长了。中国变化实在太快了，任何人离开太久之后，都很难真正了解她的现状。无论是上述哪种人，尽管他们都是华人，也都能说中文，但是，作为将要在中国工作的企业管理者，他们都没有做好十足的准备。

最终，这些跨国公司不得不把海外的管理者派遣到中国，并为他们配备一些本地的管理者作为助手。这样做还是有一个问题，这些来自欧美的管理者有可能无法掌握中国的情况。总体来讲，当今的跨国公司依然会在很大程度上依赖这些派遣到中国的外国人以及来自大陆以外的中国人，也正是因为这个原因，这些外资公司的业绩往往不如他们的中国对手那样出色。现在，由于中国企业提高了自己的创新水平，跨国公司最初在技术上的优势几乎已经消失殆尽。随着中国企业的成长，它们在获取更多资金的同时，管理水平也得到了提升，在这个时候，了解本地市场并熟悉中国的经商之道便成了两件头等大事，而这一切正是本地管理团队所擅长的。

与此同时,作为亚新科的总负责人,我觉得自己当时的处境和查克·诺尔 70 年代的处境十分相似。诺尔曾经是美国橄榄球队匹兹堡钢人的传奇教练。在他的带领下,这支球队曾四次在超级碗(Super Bowl)中夺冠。然而,在他 1969 年接任该队教练的时候,球队负多胜少。就和匹兹堡钢人一样,亚新科当初也是败绩连连。至少可以说,财务表现不尽人意,应收账款的回收及存货管理等基本管理准则也有所缺失。

虽然我们掌握了控股权,能够像诺尔教练一样安排任何一名队员上场,但是,我们回头时却又发现,候补席上空空如也,这一点和当年的诺尔教练也十分相似。面对如此情景,诺尔教练进行了认真地思考,明确了到底什么样的球员才能在球场上取胜,然后根据自己的设想去寻找合适的人选。在接下来的几年中,钢人队招募了一批像乔·格林,弗兰科·哈里斯,杰克·兰伯特以及泰瑞·布莱德肖这样的球员,为冲击超级碗做好了准备。和前任教练巴蒂·帕克(Buddy Parker)不同的是,诺尔完全是从零开始,带领钢人走向了胜利。和诺尔一样,我需要做的第一件事就是明确到底什么样的管理者才能符合公司的发展需求。

1997 年末,我们在偶然之间找到了问题的答案。当时,公司曾一度面临一个很头疼的事情,那就是如何解决四川一家齿轮厂的管理问题。在总经理的许可下,工厂部分员工和供应商的关系走得有些"太近了"。虽然公司免去了这名总经理的职务,但是

第四章
一位亲历者的观察

新任的总经理并没有解决之前留下的问题，公司的财务状况也在不断恶化。到底应该由谁来长期担任公司的总经理，我们对此感到非常困惑，最终，我们决定把机会留给一名年轻的财务经理。

几年前，这名年轻人从通用中国跳槽来到了亚新科，担任亚新科驻江苏一家活塞环公司的财务代表。由于该公司总经理领导有方，多年以来，他们的业绩在各家公司中一直都是独占鳌头。出于尊重，在征求了这名总经理的意见后，这位财务经理成为了四川齿轮厂的负责人。

这名财务代表一上任便立马投入了工作。面对问题，他没有去寻找借口，而是迅速采取了一系列实际行动：更换表现不佳的管理者；重新与供应商谈判，将成本至少降低了10%，同时改进了付款和发货的条件；减少人员编制；强化质量标准；与客户建立良好的关系；开发新产品；创建了用于控制生产成本的标准成本法。在很短的时间内，他便让整个公司的面貌焕然一新。和那些前任总经理不同，他明白现金的重要性，竭力降低库存并加紧催收应收账款，把增加现金流作为1998年的工作重点。

就在那一刻，我心里的石头终于落地了。我们的财务代表采取所有措施都是正确的，所有努力都发挥了实际成效。通过这次偶然的机会，我们找到了一副解决管理问题的灵丹妙药，并称其为"新中国"战略。前任的几届总经理总是用长篇大论喋喋不休地告诉我们，他们没有办法降低库存，没有办法收回应收账款，因为"这里是中国,这儿和其他地方不一样"。而如今我们却发现了这样一个人:他二话不说,一上任便立马开始大展拳脚。

亚新科以这名财务代表为模范,以他的身上的优秀品质作为标准,寻找那些"新中国"式管理者,为他们赋予权利,从而实施我们的战略。在此过程中,有几点非常重要:"新中国"式管理者必须来自中国大陆,具有开阔的思维,并且,他们需要明白一点,无论是亚新科公司还是整个中国,要想充分地发挥潜力,就必须对新鲜的想法和理念持开放态度。许多中国的管理者都有工科背景,对制造型企业而言,这当然是锦上添花。然而还有一点更加重要,那就是"新中国"式管理者必须具有在中国从事企业管理的实战经验,并或多或少学习过一些现代管理学的理念和工具。他们不一定要持有MBA学位,但是通过管理培训和对管理开发课程的学习,他们需要明白,管理是一门科学,同时,他们还要知道,那些在其他国家行之有效的管理工具和管理方法在中国也能够找到用武之地。

这位财务代表在加入亚新科之前曾在通用中国公司就职。因此,我们在聘用总经理时,也很看重他们在其他跨国公司的工作经历。我们需要以最快的速度启动计划,因此也没有时间完全依靠自己的力量来培养这些管理者。由于他们都是中国人并拥有中国的工作经验,"新中国"式管理者不但熟悉中国的经营模式,他们还知道怎样才能让中国企业具备国际竞争力。随后,我们便开始启动亚新科领导力计划和亚新科管理计划,从而建立我们的本土管理团队。

具有开放性思维,在中国参加过工作,接受过管理学教育,拥有跨国公司背景,这些便是我们 1997 年寻找人选的条件。由于我们已经非常清楚自己需要什么样的人才,在 1997 年至 1999 年间,亚新科招募了 50 名左右"新中国"式管理者,并逐步将他们安排到各个重要管理岗位。随着"替补席"上有了他们的身影,我们便开始利用自己的控股权去真正掌管旗下的合资公司,并用新中国管理者替代了原有的管理团队。

"一带一路" ▶▶
▶▶▶ 世界的新发展机遇

第五章

结 语

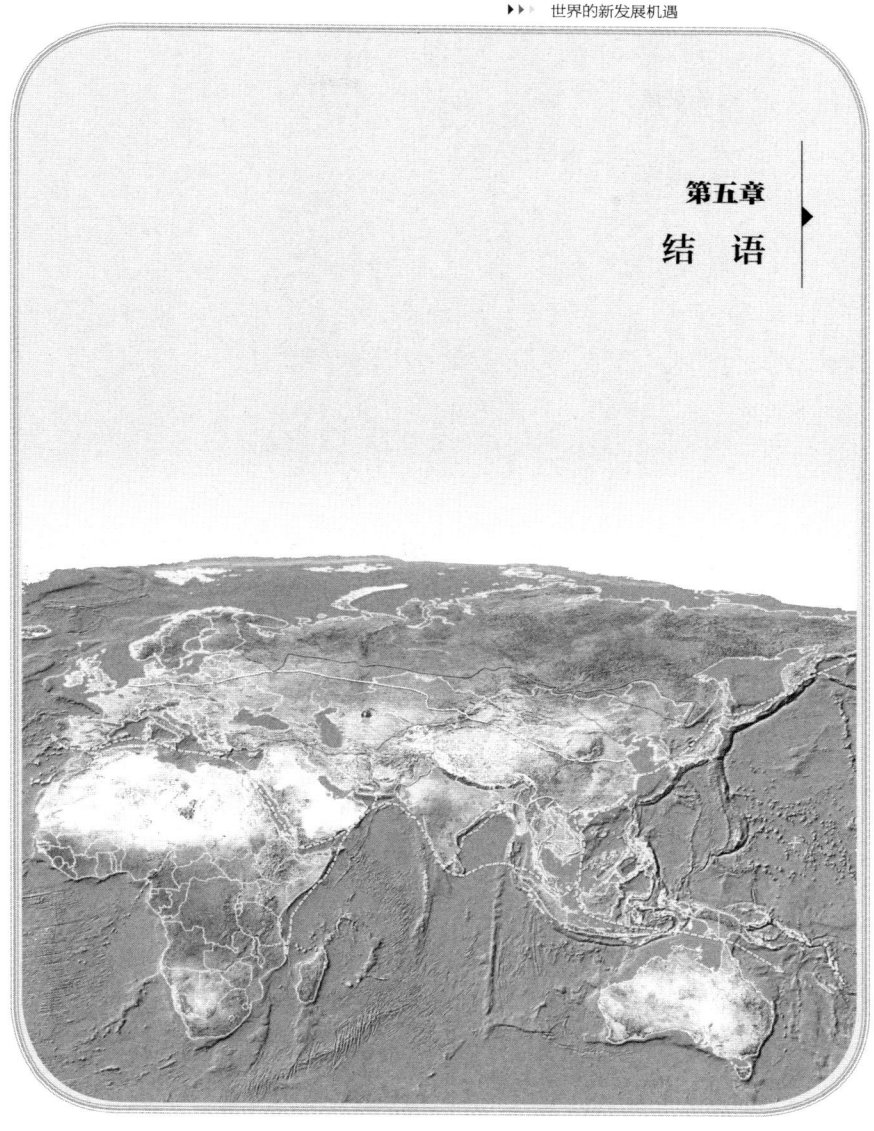

中国管理的发展对"一带一路"的重要性

发展现代经济有三大要素——资金、管理和技术,而管理是重中之重。如果一个国家的经济市场前景良好,并且拥有足够的人力资源和管理资源,能够提高资金的使用效率,那么资金自然就会流向这个国家。随着国家经济的发展,海外的企业和机构受到激励以后,便会把自己的技术带到这个国家。如果没有人力资源和优质的管理资源对技术及资金进行有效的引导,那这一切都无从谈起。

1992年,虽然中国的企业管理乏善可陈,但中国拥有一批具有管理潜质的人才,对他们进行发掘和培养是中国企业管理水平提高的关键。多年以来,随着中国经济发展水平的提高和中西方管理方式的不断融合,整个中国的管理资源得到了发展和壮大。如今,中国人管理着规模巨大的企业——中国世界五百强企业的数量和美国几乎相当——而且,他们还在不断地创新。在新能源汽车(NEVS)等领域,中国公司的技术和管理已经处于全球领先水平。

经过三十年的时间,中国的管理水平已经得到了长足的发展,中国的企业和管理人都拥有得天独厚的优势,他们可以把自己的经验传授给"一带一路"沿线发展较为滞后的国家,供当地管理者学习和借鉴。正如当年中国向众多外企学习管理一样,今天"一带一路"沿线的国家也将把中国当作学习的对象。

"一带一路" ▶▶
▶▶▶ 世界的新发展机遇

后记
为什么要写这本书

后记
为什么要写这本书

全世界约有一半人都生活在亚洲,不仅如此,这里人均年龄才二十出头。年轻就意味着消费。他们成长、恋爱、结婚生子、买房装房,还要购买汽车。伴随着年轻人的成长和消费,亚洲的经济发展或将成为整个21世纪最重大的纪事之一。亚洲的经济发展将是一个长期的过程,投资亚洲也必将是一个长期的计划。亚洲幅员辽阔,国家众多,几乎每个国家都有自己的语言,商业惯例和政府机构大相径庭。要想抓住成功的一线之机,就必须专注于一个或两个国家,但这一两个国家到底应该如何选择呢?

在今天看来,选择当然很容易,答案肯定是中国。而在1991年,一切都不甚明朗。尽管当时中国对外开放已经13年,在经济上也取得了诸多成就,但外界依然对其了解甚少。在海外只有很小一撮学生在研究中国、学习中文,当时,也没人知道这帮人为何要选择一个如此晦涩专业。70年代早期,哈佛商学院根本没有任何关于在中国经商的案例。从70年代到80年代,几乎没人会认为中国能和机会这两个字挂钩。当时西方人的谈论的都是亚洲四小龙——中国香港、新加坡、中国台湾和韩国,而不是中国。

而就在这个时候，侨居中国香港的中国商人却很清楚国内正在发生着什么，他们也知道，中国的巨大变化正在以何种方式开启整个亚洲的发展。外国人和居住在国外的中国商人做一些交流，谈话内容都大同小异。对方往往会用五分钟的时间聊一聊自己在中国香港的生意，然后花上整整二十五分钟谈论他们准备如何在中国发展。

当发现最聪明、最博学的亚洲人都把注意力转向中国的时候海外华人已经意识到，中国将为世界提供一块巨大的蛋糕，和亚洲其他地方一样，这里拥有无限商机。尽管邓小平的政策已经让国内经济翻了一番，但当时的中国依然和今天的样子相去甚远。众多摒弃了民族主义有色眼镜的美国人，拥有一种"旁观者清"的独特优势，对那些造就了中国经济成就的各种因素格外欣赏。中国的经济发展和在发展中形成的中国经验是如何为"一带一路"奠定了根基，而当今的中国，又将借此去影响那些发展较为滞后的邻国。

因此，这本书并不是为了探讨"一带一路"的各项具体内容，也不是为了分析这项大胆的创举所涉及的各种经济、社会以及军事因素。这些东西已经有太多的专家在书写，在未来的年月里，还会有更的多人去记录。其实，在提出"一带一路"以前，中国已经经历了多年的发展，作为长期关注中国发展的外国人一直都站在一个独特的位置，目睹并实际参与了这些年的发展，因此，

> 后记
> 为什么要写这本书 ▶▶▶

希望本书为大家开启一种不一样的视角,为观察"一带一路"、思考世界新发展打开一扇窗。

——杰克·潘考夫斯基